L•E•O

Shari Arison

Einfach Gutes tun

Aus dem Englischen übersetzt von
Annette Charpentier

L•E•O

Dieses Buch ist allen gewidmet,
die sich entscheiden,
Gutes für andere zu tun

INHALT

EINFÜHRUNG
Mit Leidenschaft Gutes tun 9

KAPITEL EINS
Jeder sollte Gutes zu tun 19

KAPITEL ZWEI
Gutes für sich selbst tun 31

KAPITEL DREI
Gutes für unsere Lieben tun 43

KAPITEL VIER
Gutes im Alltag tun 59

KAPITEL FÜNF
Gutes tun für die Gemeinschaft 69

KAPITEL SECHS
Die Wirkung von Guten Taten 77

KAPITEL SIEBEN
Gutes für die Menschheit tun 89

KAPITEL ACHT
Gute Werke für den Planeten 101

KAPITEL NEUN
Gutes Tun verändert Ihr Leben 113

KAPITEL ZEHN
Der internationale »Tag der Guten Tat«! 125

NACHWORT
Die Chance erkennen, Gutes zu tun 139

DANKSAGUNGEN 141

EINFÜHRUNG

Mit Leidenschaft Gutes tun

Ich heiße Shari Arison, und meine größte Leidenschaft ist es, andere Menschen zu inspirieren, Gutes zu tun. Wie ich zu diesem Wunschziel gelangt bin? Na, da muss ich nachdenken – ich glaube, es hat sich während eines langen und harten Wegs entwickelt.

Ich wurde in den USA geboren. Mein Vater ist Israeli, meine Mutter stammt aus Rumänien. Sie hat immer wieder gesagt, wie sehr sie die USA hasst, daher fand ich es als Kind sehr schwierig, mich von ihr geliebt zu fühlen, denn ich war ja Amerikanerin.

Mein Leben in New York als kleines Mädchen war wohl so, wie es in dem Film *The Help* aus dem Jahr 2011 dargestellt wird. Es geht da um die afro-amerikanischen Haushalthilfen im Süden der USA Anfang der Sechziger.

Meine Eltern behandelten unsere Hilfe Marie allerdings stets respektvoll und freundlich. Aber sie waren beide tagsüber bei der Arbeit, und so war es eigentlich Marie, die mich großzog.

Als ich neun war, zogen wir nach Miami, aber ohne Marie, worüber ich sehr unglücklich war. Doch ein noch größerer Schock war für mich, als meine Eltern ankündigten, dass sie sich scheiden ließen. Meine Mutter entschied sich, nach Israel auszuwandern, doch mein Vater blieb und jagte weiter dem amerikanischen Traum von Wohlstand und Erfolg nach. Obwohl ich noch so jung war, hatte ich selbst aber das Gefühl, dass es im Leben um etwas Größeres gehen musste, um eine tiefere Verbindung zu allem, und ich fragte mich schon damals, was das wohl sein könnte.

In dieser Phase veränderte sich mein Leben drastisch. Wie in einem Wirbelwind war ich ständig unterwegs von Amerika nach Israel, von Israel nach Amerika. Diese Langstreckenflüge bewältigte ich allein, auch das Umsteigen, wenn dies nötig war. Man stelle sich einmal vor, dass ein so kleines Mädchen ganz allein solche langen Reisen unternimmt! Ich weiß noch, wie ich mich einmal auf dem Amsterdamer Flughafen verlaufen habe. Das war schrecklich!

Gottseidank holte mich in New York immer Marie vom Flughafen ab. Sie war zuverlässig zur Stelle und half mir durch das Labyrinth der Sicherheitskontrollen und verschiedenen Terminals zu meinem Anschlussflug. Marie war bis zu ihrem Tod meine beste Freundin und wurde es auch für meine Kinder. Ich werde unsere Beziehung stets in Ehren halten.

Das Aufwachsen in zwei verschiedenen Ländern – Amerika und Israel – war für mich sehr schwierig und anstrengend. Ich wechselte häufig die Schule und musste immer wieder neue Freundschaften schließen. In den USA zog man mich damit auf, Israelin zu sein, und in Israel warf man mir vor, Amerikanerin zu sein. Damals lagen Welten zwischen diesen beiden Ländern.

In den USA hatte jedes Haus ein Telefon und einen Fernseher, aber in Israel musste man immer noch bis zu sieben Jahre auf einen Telefonanschluss warten. Fernseher waren etwas ganz Besonderes. In einer Straße hatten vielleicht nur ein oder zwei Häuser einen Schwarzweiß-Fernseher, um den sich die ganze Nachbarschaft versammelte. Auch die gesellschaftlichen Regeln waren sehr unterschiedlich. Deshalb fühlte ich mich sehr häufig isoliert und heimatlos. Die Welt war für mich ein grausamer Ort. Es war, als sei ich auf dem falschen Planeten gelandet.

Beim Älterwerden verlief mein Weg, wie der vieler anderer Menschen, mit Höhen und Tiefen. Viele Menschen denken heute, ich sei sehr reich und privilegiert gewesen, aber das trifft nicht zu. Mein Vater hat mehrfach Bankrott gemacht und sein Vermögen erst nach jahrelangen Schwierigkeiten erarbeitet. Doch er war ein Visionär und gab niemals auf, daher hatte er mit den *Carnival Cruise Lines* schließlich Erfolg. Ich war damals, als die Firma an die Börse ging, schon in den zwanzigern. Allerdings waren Schiffe schon seit dem Umzug nach Miami fester Bestandteil meines Lebens gewesen.

Nach jahrelangem Hin- und Herpendeln und nach meinem Militärdienst in der israelischen Armee ließ ich mich auf 16 Jahre fest in Miami nieder. Ich heiratete meinen ersten Mann und bekam meine ersten drei Kinder in den Staaten. Jahrelang war ich Vollzeitmutter, doch dann gründete ich unsere Familien-Stiftung, die *Arison Foundation,* und wurde in den Aufsichtsrat der *Carnival Lines* gewählt. Als nächstes erfolgte eine sehr unangenehme Scheidung, und dann begann der Golfkrieg. Damals lebte ich noch in Miami und sorgte mich ununterbrochen um meine Angehörigen in Israel, meine Mutter, meine Tanten, Onkel, Kusinen und Freunde. Diese Ereignisse rückten alles in eine andere Perspektive, und nun wusste ich, dass es Israel war, wo ich mich am stärksten zuhause fühlte und wo ich leben wollte.

Zu dem Zeitpunkt hatte ich bereits meinen zweiten Mann kennengelernt und geheiratet. Im Sommer 1991 zogen wir mit meinen drei Kindern nach Israel, wo bald darauf mein viertes Kind geboren wurde. Wieder einmal dauerte es eine Weile, bis ich mich an die neue Situation angepasst hatte. Es war etwas völlig Anderes, als Kind in einem fremden Land zu leben als mich jetzt, als erwachsene Frau und Mutter, an einen anderen Lebensstil und eine andere Lebenshaltung zu gewöhnen. Doch ich gründete auch hier eine Stiftung und später eine Firma. Ich verband mich aufs neue mit meinen Angehörigen und alten Freunden und gewann neue dazu ... ich war glücklich und genoss mein Leben.

Doch es war trotzdem ein gewaltiger Kulturschock. Selbst die alltäglichen Dinge, denen wir sonst kaum Aufmerksamkeit schenken, wie etwa das Bankwesen, der Dollarkurs oder wie die Menschen miteinander umgingen und verhandelten – das war alles so anders als das, was ich in Miami gewohnt war. Und dann der Chauvinismus, mit dem ich jahrelang bei meinem Versuch rang, mich in einer männlich dominierten Umgebung zu behaupten.

Im Laufe der Jahre machte ich eine weitere Scheidung durch, heiratete erneut und wurde ein drittes Mal geschieden. Dabei versuchte ich ständig, mich selbst und das Leben, das ich führte, besser zu verstehen. In unzähligen Seminaren befasste ich mich mit den Techniken,Theorien und Doktrinen der zahlreichen Richtungen von Spiritualität. Ich studierte die verschiedensten Lehren und las eine Menge New Age-Bücher. Ich lernte und reifte ... und lernte und reifte ...

Doch eine Botschaft klang laut und deutlich durch: Das Leben teilt jedem seinen Anteil an Prüfungen und Problemen zu. Die Frage lautete einzig und allein: Wie bewältigen wir das?

Doch egal, was ich auch tat, ich fand die Lektionen, die mir das Leben erteilte, stets sehr schwierig und emotional schmerzlich, bis ich es vor ein paar Jahren plötzlich begriff: Es war, als hätte jemand ein Licht angezündet. Ich fühlte mich erleuchtet: *Ich will Gutes tun, ich will Gutes denken, ich will mich gut fühlen.*

Als ich das erkannte, war ich physisch, emotional und spirituell sehr krank und erschöpft von meinen lebenslangen Kämpfen. Immer musste ich mir alles erkämpfen, was ich wollte, ob es die Zuwendung meiner Eltern war, als ich noch klein war, oder um meine verschiedenen Visionen und Ziele zu verwirklichen, wie etwa, in Tel Aviv ein erstklassiges Krankenhaus zu bauen. Ich kämpfte für die Verwirklichung dieses Traums, damit unsere Bürger die bestmögliche Krankenpflege bekamen.

Ich kämpfte für die Gründung von *Israeli United Way,* was eine neue Spendenkultur bedeutete, die bis heute sehr erfolgreich ist. Ich kämpfte in allen meinen Firmen und philanthropischen Organisationen für meine visionären Ideen, wie etwa finanzielle Freiheit bei der Bank, bei der ich Mehrheitsaktionärin bin. Innerhalb meiner Firma für Immobilien und Infrastruktur kämpfte ich für nachhaltige Baumethoden. Ich gründete außerdem eine Wassergesellschaft mit der Vision von Überfluss, was anfangs kein Mensch verstand.

Ebensosehr war es ein Kampf, eine Organisation wie *Essence of Life* zu gründen, die sich auf dem Gedanken aufbaut, dass man Weltfrieden erst erreichen kann, wenn man inneren Frieden erlangt hat – wenn jedes Individuum eins mit sich und mit seiner Umgebung ist. Eine Vision nach der anderen bedeutete einen Prozess, die richtigen Menschen zu den richtigen Teams zusammenzuführen, um Grundsätze aufzustellen und Ziele zu setzen, die allesamt ihrer Zeit voraus waren. Heute wird an drei Universitäten nach meinem Curriulum geforscht und gelehrt, das durch meine werteorientierten Wirtschaftsmodelle inspiriert wurde.

Dies alles sind sehr positive Errungenschaften, die persönlich wie professionell befriedigend sind, und eigentlich hätte ich sehr stolz auf mich sein können. Aber vor ein, zwei Jahren glaubte ich, in jeder Hinsicht zusammenzubrechen – körperlich, emotional und spirituell. Ich hatte das Gefühl, dass ich ständig mit dem Kopf gegen eine Wand rennen musste, damit andere Menschen mich verstanden. Dabei hatte ich ein paar Mauern eingerissen und auch die sogenannte Glasdecke ein paar Mal durchstoßen. Doch letztendlich fühlte ich mich bloß überwältigt, müde und krank.

Zusammen mit dieser Erleuchtung erkannte ich, dass ich niemanden von etwas zu überzeugen brauchte, besonders nicht diejenigen, die sich dagegen entschieden, es nicht erkannten oder die aus irgend einem Grund nichts verändern wollten. Wenn ich die Welt zu einem besseren Ort machen wollte, dann konnte ich das schaffen, indem ich in mir selbst und um mich herum Gutes tat, und zwar gemeinsam mit Menschen, die diesen Traum mit mir teilten.

Was für eine Erleichterung es war, als ich erkannte, dass ich nicht mehr zu kämpfen brauhte! Heute konzentriere ich mich bloß darauf, meine Rolle zu spielen und mich mit Menschen zu umgeben, die das gleiche wollen wie ich: Eine bessere Welt. Wollen Sie auch eine bessere Welt?

Ich habe die Vision von einer guten Welt, einer friedlichen und glücklichen Welt, und zwar nicht, weil ich naiv und blind bin. Ich wünsche mir das, weil ich selbst verletzt worden bin. Ich war mit vielen Problemen und Prüfungen konfrontiert, aber ich glaube, dass die Dinge anders sein können.

Ich habe aus meinen Erfahrungen gelernt, und ich lerne jeden Tag Neues. Aber ich glaube heute, dass diese wertvollen Lektionen ohne Leiden gelernt werden können. Ich bin überzeugt, dass wir eine gesunde, positive Umwelt erschaffen können, die uns selbst, unseren Kindern und unserem Planeten gerecht wird.

Dies versuche ich in allem, was ich tue, auszudrücken, sowohl persönlich als auch in meinen Firmen und philanthropischen Unternehmungen. Auf diesem Gedanken aufbauend entwickelte ich meinen leidenschaftlichen Glauben an die Macht des Guten und rief 2007 in Israel den »Tag der Guten Tat« ins Leben. Das begann als sehr einfache Idee: An einem bestimmten Tag würde jeder Einzelne etwas Gutes für einen anderen oder für die Welt insgesamt tun. Anfangs nahmen nur ein paar tausend Menschen daran teil, darunter meine Familie und meine Angestellten, aber es sind jedes Jahr mehr geworden. Die Idee hat inzwischen die Grenzen überschritten und ist nun international zum »Tag der Guten Tat« geworden.

Jedes Jahr am »Tag der Guten Tat« versuche ich auch persönlich, an vielen verschiedenen Orten etwas Gutes zu tun. Es ist wunderbar, mitzuerleben, wie unzählige Individuen und Gruppen gemeinsam etwas Gutes tun. Was immer ich da erlebe, rührt mich zutiefst, und mein Herz ist erfüllt von all der Güte. Ich frage mich: Wäre es nicht wunderbar, wenn jeder Tag so verliefe? Doch das kann Wirklichkeit werden. Ich glaube ganz fest daran. Wir alle haben es in der Hand, diesen Traum zu verwirklichen. Daher verstärken wir bei *Arison* alljährlich unsere Bemühungen, damit immer mehr Menschen sich bewusst werden, wie leicht man Gutes tun kann. Wir wollen jeden Mann, jede Frau und jedes Kind auffordern, nicht bloß an diesem einen Tag etwas Gutes zu tun, sondern tagtäglich ... in jedem Augenblick ihres Lebens.

Ich will in diesem Buch darlegen, wie all diese guten Taten wirken und wie man sich selbst dabei einsetzen und etwas Gutes tun kann. Am Anfang steht die Liebe und der Respekt für einen selbst, und diese positive Energie strahlt ab in die Welt und verwandelt dabei jeden einzelnen Menschen.

KAPITEL EINS

Jeder sollte Gutes tun

Stellen Sie sich vor, wie es wäre, wenn Sie eines Morgens aufwachten und von der starken Überzeugung erfüllt wären, einer Überzeugung, die Sie eigentlich schon Ihr ganzes Leben lang gehegt haben, nämlich, dass sich eine große Veränderung ergeben würde? Dass diese Veränderung notwendig wäre, ersehnt und unvermeidlich ... dass sie letztendlich die ganze Welt durchdringen würde?

Ich habe mir diese Veränderung immer gewünscht. Wir alle sind Teil davon, jeder Mensch auf der Welt. Wir alle haben ein gemeinsames Interesse an unserer Zukunft. Wir haben alle die Wahl, hier und jetzt die Verantwortung dafür zu übernehmen, wie wir uns selbst verhalten, wie wir mit uns und anderen umgehen, um ganz klar zu erkennen, wie sich unsere Entscheidungen auf unsere Umgebung, auf die Menschheit insgesamt und auf unseren Planeten auswirken.

Ich habe mich mein ganzes Leben lang gefragt: Was ist meine Rolle in diesem Leben? Das habe ich sowohl für mich allein und mit der Hilfe von anderen ausgelotet. Da jeder persönliche Verantwortung trägt, begann ich bei mir selbst mit der Frage: *Was kann ich der Welt bieten mit meinen besonderen Fähigkeiten, meiner Lebenserfahrung und von den Positionen aus, die ich erreicht habe und erreichen werde?*

Ich habe als Teenager angefangen zu arbeiten und bin mit Anfang zwanzig in Miami in das Familienunternehmen eingestiegen, das sich damals gerade im Aufschwung befand. Schnitt: Heute leben wir in Israel, mein jüngster Sohn steht vor dem Schulabschluss, und mein weltweites Unternehmen und meine philanthropischen Interessen haben hier ihren Sitz. Um an der großen Veränderung teilzunehmen, glaubte ich – und das glaube ich noch heute –, dass ich bei mir selbst anfangen musste, da es sich um einen kontinuierlichen Prozess handelte, um anschließend über meine eigenen Kreise hinaus zu wirken.

Abgesehen von meinen bestimmten Talenten und Fähigkeiten konnte ich mich dabei auch auf meine Lebenserfahrung berufen. Wie bereits erwähnt habe ich alle möglichen Höhen und Tiefen erlebt und mich davon nicht unterkriegen lassen. Diese Herausforderungen in meinem Leben habe ich ausführlich in meinem ersten Buch *Birth: When the Spiritual and the Material come To-*

gether beschrieben, daher will ich darauf hier nicht näher eingehen. Aber wenn ich über mein bisheriges Leben nachdenke, fühle ich mich bereichert, denn alles, was ich durchgemacht habe, die guten wie die schlechten Zeiten, haben mich zu dem gemacht, wie ich heute bin. Ich bin mehr als je zuvor entschlossen, Verantwortung für meine Rolle bei der Verbesserung unserer Welt zu übernehmen. Als man mich aufforderte, ein zweites Buch zu schreiben, sagte ich zu und beschloss, dass es darin um die Kraft gehen würde »Gutes zu tun«. Ich wusste, dass ich in dem Buch meine Erfahrungen bei der Verbreitung der Idee darstellen konnte, als Individuum wie auch durch Organisationen und Firmen Gutes zu tun. Ich wollte die Menschen mit diesem Konzept inspirieren, in dem Wissen, dass jeder in der Lage ist, einen großen Unterschied zu bewirken.

Es ist eine einfache und universale Vision - die ich mit meiner ganzen Leidenschaft vertrete. Das Konzept, *Gutes zu tun,* erfasste mich vor ein paar Jahren wie ein Licht, das in der Dunkelheit aufflackert. Die Worte fassen präzise zusammen, was ich immer schon geglaubt habe, und als ich anfangs das Konzept den Menschen in meiner unmittelbaren Umgebung darlegte, fühlten auch sie sich sofort inspiriert. Ich erkannte bald, dass ich mich auf dem richtigen Weg befand.

Meine Vision beruht auf der Überzeugung, dass jeder Einzelne das Gute in unserer Welt fördern kann, indem er etwas Gutes tut, Gutes denkt und sich bewusst entscheidet, tagtäglich positive Worte, Gefühle und Taten auszudrücken. Ich glaube, dass der Zeitpunkt gekommen ist, an dem sich diese Vision in jedem von uns manifestieren kann und zwar in allen Winkeln unserer Erde.

Gutes Tun ist ein gutes Geschäftsprinzip

Schon bevor mir die Vision, Gutes zu tun, vollständig klar wurde, hatte ich eigentlich mein ganzes Leben lang daran gearbeitet, Veränderungen in mir selbst, meiner Umgebung und innerhalb der *Arison* Firmengruppe und meiner philanthropischen Organsationen zu bewirken. Von Anfang an ist die *Arison*-Gruppe natürlich ebenso professionell geleitet worden wie alle anderen Gesellschaften. Wir haben die Bedürfnisse der Kommunen hier in Israel berücksichtigt, wir begreifen, dass wir nicht bloß für wohltätige Zwecke spenden sollten, sondern auch bewusst wichtige gesellschaftliche Investitionen in unsere kollektive Zukunft vornehmen müssen.

Schon seit Jahren haben all unsere Firmen und philanthropischen Organsationen langfristige Visionen verfolgt und positive Werte gefördert. Heute kann ich sagen, dass wir bewiesen haben, dass *Gutes tun gut für das Geschäft ist.* Es ist eine völlig neue Art, zu wirtschaften, die viele Firmen heute ebenfalls erkennen.

In diesem Buch *Einfach Gutes tun* geht es aber nicht so sehr um Firmen und Organsationen. Der Grund hierfür ist vielmehr meine Überzeugung, dass alles Gute in uns selbst als Individuen seinen Ausgang nimmt. Ich möchte Sie einladen, diesen Weg gemeinsam mit mir zu gehen. Es ist eine persönliche Herausforderung. Sie beruht auf einer sehr einfachen Prämisse: *Sie brauchen dazu nur Gutes zu denken, Gutes auszusprechen und Gutes zu tun.* Das ist mein Hauptziel, und ich habe das Glück, weltweit viele Angestellte zu haben, die sich verpflichtet haben, diese Veränderungen im allgemeinen Denken zu verwurzeln und der Welt zu zeigen, dass dies erreicht werden kann.

Sie sind also auf diesem Weg nicht allein – ganz und gar nicht! Die *Arison*-Gruppe hat bereits die weltweite Belegschaft von mehr als 24.000 Angestellten aktiviert, die alle die Vision verbreiten, Gutes zu tun. Unsere kollektiven Bemühungen haben auch geholfen, mehr als eine Viertelmillion Menschen in Israel und Tausende von Menschen weltweit anzuregen, ihre innere Gutheit zu aktivieren, indem sie sich 2012 am »Tag der Guten Tat« beteiligten.

Kann das denn wirklich so einfach sein? Bloß Gutes denken, sagen oder tun? Ja … und nein. Wenn es so einfach wäre, warum finden weiterhin Kriege statt? Warum existiert so viel Leid in der Welt? Warum gibt es immer noch so viele grobe, aggressive Menschen? Warum hat Ihnen gerade heute morgen jemand die Vorfahrt genommen?

Ich sehe das so, dass man sich zwischen zwei verschiedenen Wegen entscheiden muss. Der eine führt zu mehr Konflikt, während der andere uns zu mehr Mitgefühl und Frieden leitet. Im ersten Fall sehen wir eine Zunahme von Konflikten, und damit verbunden sind weitere Wirtschaftskrisen, Kriege und Hungersnöte, höhere Arbeitslosigkeit, ein weiterer globaler Temperaturanstieg ... Sie wissen schon. Aber gleichzeitig sehe ich mich um und erkenne überall Liebe und Mitgefühl. Immer mehr Menschen geben dieser Tage mehr von sich selbst als je zuvor, und immer mehr Individuen handeln, auch in Verbindung mit anderen, um die Welt zu einem besseren Ort zu machen. Ich sehe unzählige Menschen, denen das Wohlergehen ihrer Mitmenschen, der Tiere und der Umwelt am Herzen liegt. Ich glaube, dass wir insgesamt die Negativität leid sind und bewusst nach Wegen suchen, um positive Veränderungen herbeizuführen.

Die Macht, Gutes zu tun

Liebe und Mitgefühl sind höchst lebendig. Stellen Sie sich nur vor, dass jeder hier mitmachen würde! Wenn jeder Mensch auf der Welt sich vornähme, Gutes zu denken, Gutes auszusprechen und Gutes zu tun, könnten wir uns meiner Überzeugung nach selbst verändern und mit diesem Prozess insgesamt die Welt verbessern.

In diesem Buch geht es also darum, Gutes zu un – was sehr schlicht und einfach klingt. Aber wissen Sie überhaupt, wie man aus einem echt positiven Zustand heraus großzügig geben und dankbar empfangen kann? Sind Sie überhaupt freundlich zu sich selbst? Das wäre nämlich der erste Schritt, mit dem ich selbst jahrelang gerungen habe.

Unsere Vorstellungen von Gut und Böse und die anderen Lebensregeln haben wir in erster Linie als Kinder erlernt. Für mich war das zuerst in New York, dann in Miami und in Israel. Meine Familie ist jüdisch, aber unser Lebensstil war nichtreligiös. Doch trotzdem habe ich mich schon von klein an als sehr jüdisch empfunden und zutiefst mit Israel verbunden.

Heute höre ich oft, dass ich religiöser sei als die Strenggläubigen, aber ich empfinde mich eher als spirituell. Ich bin ein spirituelles Wesen – wie wir alle – auf der Suche nach unserer wahren Leidenschaft und unserem Weg im Leben. Ich strebe danach, mein Leben voll und authentisch zu führen, sowohl im materiellen wie im spirituellen Sinne. Ich empfinde den leidenschaftlichen Wunsch, der Menschheit zu helfen, und mein Motto heisst, andere Menschen zu inspirieren, Gutes zu tun.

Der Zeitpunkt dazu ist gekommen, denn wir müssen die alten Muster menschlichen und gesellschaftlichen Verhaltens ersetzen, die vorwiegend auf Knappheit, Gier und Angst begründet waren. Ich behaupte, dass wir gemeinsam die Macht haben, jene alten Überzeugungen zu ersetzen, die nicht mehr funktionieren, indem wir Gutes tun, und ich bitte jeden Menschen auf der Welt, sich dieser Vision anzuschließen und dazu beizutragen. Damit das auch wirklich klappt, brauchen wir eine kritische Masse an Individuen, die sich entschließen, sich dafür einzusetzen.

Das Schöne am Guten ist, dass es ganz egal ist, wo man lebt, wo man zur Schule geht oder wie man seinen Lebensunterhalt verdient. Es ist sogar egal, wie alt man ist oder zu welcher kulturellen Gruppe man gehört. Jeder, wirklich jeder Mensch kann Ungewöhnliches bewirken, wenn sie ihre Kräfte einsetzen, Gutes zu tun, zuerst für sich selbst, um es anschließend hinaus in die Welt auszubreiten.

Ich bin der Meinung, dass in den letzten Jahren weltweit viele Menschen begonnen haben, sich nach Veränderungen zu sehnen, um ihrem Leben mehr Sinn und Tiefe zu verleihen. Ich weiß, dass das auch auf mich zutrifft. Die zahllosen Männer und Frauen, denen ich tagtäglich begegne, die Schriftsteller, die ich lese, die Leitfiguren, die ich respektiere – auf der ganzen Welt – scheinen diese Phase der Veränderungen zu erkennen. Sie geben allmählich veraltete Muster auf und befreien sich davon, indem sie neue Verhaltensweisen annehmen.

Auf der Suche nach Authentizität

Damit diese monumentale Veränderung auch tatsächlich stattfindet, brauchen wir eine kritische Anzahl von Menschen, die durch positive Energie und authentischen guten Willen motiviert ist. Nur wenn eine grosse Menge von Menschen Gutes denkt, Gutes ausspricht und Gutes tut, können wir grundlegende und dauerhafte Veränderungen für die Menschheit erreichen.

Ich sehe hier Folgendes voraus: Wenn immer mehr Menschen ihr authentisches Selbst entdecken und ausdrücken, erschaffen wir eine neue Realität, die neue Werte betont – Werte, die auf Einigkeit, Liebe, Freundschaft und Mitgefühl beruhen. Am stärksten aber entwickeln wir die Fähigkeit der universellen Akzeptanz, die Fähigkeit, uns selbst und andere trotz aller Unterschiede zu akzeptieren.

Ein jeder kann seine oder ihre einzigartigen Begabung für diese Veränderungen einsetzen, und man kann auf jedem Gebiet wirksam werden. Ich selbst bin eine Geschäftsfrau mit ausgeprägten moralischen Werten, und viele meiner Aktivitäten drehen sich um ökonomische und philanthropische Zwecke, aber ich gebe mir ebensosehr Mühe, auch im Privatleben und meinen Alltagsbeziehungen Gutes zu tun. Das läuft nicht immer glatt ab, denn niemand ist perfekt, aber ich versuche es jeden Tag aufs neue.

Hier bei *Arison* haben wir festgestellt, dass wir mit bewusstem Nachdenken über unsere Aktiviäten eine bessere Welt erzeugen können. Grund dafür ist, dass wirtschaftliche und philanthropische Initiativen im Gegensatz zu Staaten keine Grenzen haben. Daher können wir leicht weltweit wirken.

Ich bin zwar sehr spirituell ausgerichtet, aber gleichzeitig auch sehr praktisch. Wie bereits erwähnt gehören zur *Arison-Gruppe* auch philanthropische Organisationen und Firmen. Unsere Betriebe wirken öffentlich wie privat im Bereich der Finanzen, Immobilien, Infrastruktur, Salz, Wasser und Energie. In den Firmen verfolgen wir in erster Linie die ökonomischen Aspekte aller Unternehmungen. Manchmal stellen wir fest, dass diese Wirtshaftsaktivitäten negative Auswirkungen auf die Menschen oder den Planeten haben können und verfolgen dann diese Ziele nicht weiter, weil wir langfristig damit auch keinen Gewinn erzielen können.

Geld an sich reicht für uns als Triebkraft nicht aus. Das erkennen wir heute deutlich. Wenn wir aber andererseits Projekte und Initiativen unterstützen, die für die Welt positiv sind, unterstützen wir damit gleichzeitig uns selbst als Un-ternehmen. Wenn die Welt profitiert, dann profitieren wir ebenfalls. Ohne jeden Zweifel bedeutet Gutes tun auch Gutes für die Wirtschaft.

Ein authentisches Leben führen und zu lernen, wie man ausgewogen gibt und nimmt, ist nicht die leichteste

Aufgabe in der Welt. Auch gute Taten klappen manchmal nicht, und gutgemeinte Absichten erreichen oft gar nichts. Es ist einfach kein geradliniger Prozess, aber ich glaube, dass Gutes tun nicht nur die Macht hat, Ihr Leben zu verwandeln und Sie selbst zu bereichern, sondern sich auch auf die Welt ringsum auswirken. Unsere individuellen und kollektiven Akte der Freundlichkeit zu uns selbst und für andere haben letztendlich Auswirkungen auf alle Aspekte des Lebens, des Planeten und der Menschheit insgesamt.

Ich weiß, das ist eine ziemliche Herausforderung, daher beginnen wir am besten, indem wir für den wichtigsten Menschen in der Welt etwas Gutes tun – nämlich Sie selbst!

KAPITEL ZWEI

Gutes für sich selbst tun

Wenn im Flugzeug anfangs die Anweisungen erklärt werden, was man im Notfall zu tun hat, wird einem stets geraten, die Sauerstoffmasken zuerst selbst anzulegen, ehe man sie den Kindern aufsetzt, die dazu noch nicht in der Lage sind. Das klingt anfangs recht absurd, denn die spontane Reaktion von allen Eltern ist ja, dass man sich zuallererst um sein Kind kümmert. Aber wenn man sich nicht selbst zuerst in Sicherheit bringt, kann man kaum anderen beistehen. Zuerst muss man sich selber helfen, weil man sonst vielleicht nicht für andere zur Verfügung steht.

Das klingt dann sehr einleuchtend, aber es ist nicht gerade einfach, zuverlässig und Tag für Tag gut, liebevoll und mitfühlend zu sich selbst zu sein. Es gibt so viele Gründe, warum Menschen sich selbst nicht lieben und warum sie die Bedürfnisse anderer stets vor die eigenen setzen, auch wenn sich dies auf ihre eigene Gesundheit und ihr Wohlbefinden sehr nachteilig auswirken kann.

Vielleicht sind Sie selbst einer dieser überfreundlichen Wesen. Vielleicht gehören Sie zu der großen Gruppe von Menschen, denen die Eltern einprägten, dass man immer zuerst für alle anderen sorgt, ehe man sich selbst zuwendet, weil alles andere egoistisch wäre. Viele Religionen predigen den Dienst an anderen und dass man Bedürftige stets unterstützt. Ich hingegen glaube, dass man sich zuallererst um sich selbst kümmern sollte, denn andernfalls hat man nichts übrig für andere!

Sich selbst etwas Gutes tun beginnt, indem man sich selbst liebt. Es bedeutet, sich so, wie man tagtäglich ist, zu lieben und zu akzeptieren. Dazu muss man sich aber zuerst einmal selbst erkennen. Jetzt denken Sie vermutlich: »Aber ich kenne mich doch!« Doch stimmt das wirklich? Wissen Sie stets, was Sie wirklich wollen und was Ihnen gut tut? Wissen Sie, wie Sie auf Ihre innere Stimme hören können, Ihr Bauchgefühl, Ihre Seele? Behandeln Sie Ihren Körper wie einen Tempel, wie es ihm zusteht, und geben ihm die bestmögliche Nahrung und ausreichend Ruhe? Sind Sie wirklich echt glücklich, gesund und zufrieden?

Nur wenige Menschen erlangen diese perfekte Ausgewogenheit, weil unser Leben so hektisch und so vielen Reizen ausgesetzt ist. Wir müssen uns ständig Herausforderungen stellen, aber tun wir dies tagtäglich auf positive, gesunde Weise? Viele Menschen arbeiten zu viel, ruhen sich nicht genug aus, haben nur wenig Bewegung, kaufen zu viel und verbringen viel zu viel Zeit vor dem Bildschirm. Andere treiben es noch extremer, indem sie übermäßig rauchen, trinken, essen oder Drogen nehmen. Zu viel von allem stört unsere innere Ausgewogenheit und verhindert, dass man sich mit sich selbst im Reinen fühlt.

Wie viele andere Menschen habe ich in verschiedenen Lebenshasen immer wieder mit meinem Gewicht gekämpft – ich habe zu viel gegessen, mich nicht genug bewegt, und dann war es immer sehr schwer, wieder auf die richtige Bahn zu gelangen. Daher habe ich Verständnis dafür. Es ist nicht leicht, solche Probleme zu überwinden und wieder ausgewogen zu leben, aber es ist durchaus möglich.

Niemand will zu dick, überarbeitet oder drogenabhängig sein. Niemand will unglücklich sein oder ständig unter Stress stehen. Dies sind Symptome für etwas Tiefergehendes. Als Mensch sammelt man im Laufe der Jahre eine Schicht nach der anderen von Verletzungen an, von Ängsten, Frustrationen und Wut. Aber hinter allem steckt unser ureigenes Selbst, ein Individuum, das Liebe und Akzeptieren verdient. Unsere Essenz ist wie ein Diamant, aber wenn ihn mehrere Schichten von »Schmutz« und negativer Energie umgeben, dann verbergen diese Ablagerungen unser wahres Selbst.

Selbsterkenntnis durch Introspektion

Man kann diese Ablagerungen aus negativer Energie auf verschiedene Weise loswerden. Das habe ich in meinem ersten Buch ausführlich beschrieben. Darüberhinaus gibt es zahlreiche Selbsthilfe- und New Age-Bücher mit den verschiedensten Techniken, die Sie vielleicht ausprobieren wollen. Für mich persönlich gilt, dass der beste Ausgangspunkt die genaue Einschätzung von einem selbst ist. Diese Introspektion ist nützlich und wirksam, aber weder leicht zu erlangen noch ein Schnellrezept. Wenn man lernt, sich so zu erkennen und zu lieben, wie man eben ist, wenn man Zugang zu dem findet, was man wahrhaftig will, dann wird dieses Gutsein zu sich selbst rasch zur zweiten Natur.

Der erste Schritt heisst Selbsterkenntnis, und Sie sollten hier sich selbst gegenüber so ehrlich wie möglich sein. Verurteilen Sie sich nicht und machen Sie sich selbst oder anderen keine Vorwürfe wegen Ihrer vermeintlichen Fehler oder Mängel. Machen Sie auch keine Ausflüchte. Anschließend fragen Sie sich: *Wie fühle ich mich nun?* Lassen Sie Ihre Gefühle einfach zu und behandeln sie auf positive Weise. Nach dieser Klärung können Sie eingehender betrachten und erwägen, was Sie sich wirklich im Leben wünschen.

Ich weiß, wie schwer dies sein kann. Wie oft habe ich gesagt: »Morgen fange ich mit meiner Abnahmediät an«, und habe es dann doch nicht getan. Und wie oft habe ich von Freunden gehört: »Ich gebe das Rauchen auf!« und sie schafften es einfach nicht. Doch das ist in Ordnung. Arbeiten Sie einfach weiter an der Abtragung der Schichten, die eine positive Entwicklung verhindern. Konzentrieren Sie sich auf das, was Sie sich wünschen, und bitten eine höhere Macht als Sie selbst es sind aus ganzem Herzen und in reiner Absicht darum. Ich selbst nenne diese höhere Macht Gott, andere sprechen vielleicht von einer »Höheren Macht im Universum«. Sie müssen entscheiden, was für Sie richtig ist. Nur denken Sie daran, dass Sie um etwas Positives bitten. Hier ein paar Beispiele für den Prozess der Introspektion: Als erstes sollte man still sitzen und sich auf den Atem konzentrieren. Dies beruhigt die Gedanken im Kopf, und man spürt, wie die Gefühle im Körper deutlicher erkennbar werden. Atmen Sie weiter tief durch, konzentrieren Sie sich auf jeden einzelnen Atemzug und fragen sich: *»Was fühle ich gerade?* Werden Sie sich allmählich Ihrer Gefühle bewusst und setzen Sie sie anschließend durch Weinen oder Schreien frei oder indem Sie sie aufschreiben … egal wie, Hauptsache, es fühlt sich für Sie richtig an. Das Wichtigste ist, dass man die Gefühle akzeptiert und dann loslässt und sich damit von den Energieschichten befreit, an die man sich geklammert hat. Aber behalten Sie im Auge, dass dieser Prozess Ihnen gilt und dass *Sie* ihn bestimmen. Andere Menschen haben hierbei keinen Platz.

Eine weitere Technik zur Introspektion ist, sich selbst im Spiegel zu betrachten. Blicken Sie sich selbst tief in die Augen. Was verraten sie Ihnen? Schauen Sie traurig? Sollten Sie Traurigkeit sehen, treffen Sie die bewusste Entscheidung, glücklich zu sein. Das fühlt sich anfangs vielleicht fremd an, aber bleiben Sie dabei. Konzentrieren Sie sich, atmen Sie weiterhin tief ein und aus und lauschen darauf, was Ihnen Ihre Seele verrät. Seien Sie geduldig. Mit ein wenig Übung stellen sich die Antworten bald ein.

Ich habe festgestellt, wenn man sich wahrhaftig liebt und so akzeptiert, wie man ist, dann trifft man schon bald bessere Entscheidungen. Man setzt sich gesunde Grenzen, um sich vor aller Negativität in der Umgebung zu schützen, man empfindet mehr Mitgefühl für andere, und Ihre Liebe strahlt auf wunderbare Weise in Ihre Umgebung ab.

Wenn Sie Schicht für Schicht die Energien abbauen, die Sie nun nicht länger brauchen, ist es, als würden Sie die »Schmutzschichten« um Ihren inneren Diamanten entfernen, so dass bald Ihre wahre Essenz durchscheint. Gewöhnlich ist dazu mehr als nur ein Reinigungs- und Klärungsprozess nötig, denn vermutlich haben sich die hemmenden Schichten über Jahre hinweg aufgebaut. Immer, wenn Sie denken, Sie hätten es geschafft, steigen weitere Ablagerungen an die Oberfläche. Das war jedenfalls bei mir der Fall, und heute ist für mich die Introspektion und die Klärung der Energien ein selbstverständliches tagtägliches Ritual.

Bei diesem Prozess der Introspektion entdecken Sie vielleicht Dinge in sich, die Ihnen nicht gefallen, aber Sie sollten sich nicht dagegen sperren. Das würde bloß Widerstand erzeugen. Jede Kraft erzeugt eine Gegenkraft. Daher sollte man alles akzeptieren, was in Ihnen hochsteigt, ob Sie das nun mögen oder nicht. Erst wenn Sie es akzeptieren, können Sie sich erfolgreich davon lösen.

Entdecken Sie, was für Sie wirkt

Falls diese Techniken für Sie zu anstrengend und herausfordernd sind, probieren Sie andere Methoden, Ihr wahres Ich zu entdecken. Scheuen Sie sich nicht, andere dabei um Hilfe zu bitten. Ich habe im Laufe der Jahre auf meinem Weg zahlreiche Methoden ausprobiert, um die negativen Energieschichten zu lösen, die sich bei mir in Körper und Seele festgesetzt hatten. Sich Zeit für die persönliche Entwicklung zu nehmen ist weder selbstsüchtig, noch egozentrisch oder zu nachsichtig. Es ist vielmehr notwendig und grundwichtig, dass man gut zu sich selbst ist, wenn man gut zu anderen sein will.

Wenn Sie diese Techniken an sich selbst ausprobieren und sich Ihrer selbst bewusster werden, können Sie loslassen, was Sie nun nicht mehr brauchen. Wenn Sie sich beispielsweise an Ihre Wut geklammert haben, ist diese Wut eine Energie in Ihnen, die auch nach außen abstrahlt. Die meisten Menschen halten bestimmte Emotionen für einen Teil ihres Selbst, aber ich glaube das nicht. Wut, wie auch alle anderen Gefühle, sind einfach nur Energie. Wir wissen, dass wir nicht wütend sein wollen, aber es ist manchmal sehr schwer, den Unterschied zwischen der Wut und dem zu erkennen, wie wir im Kern unseres Selbsts sind.

Doch der Prozess der Klärung und Introspektion resultiert in Selbsterkenntnis, und mit größerer Selbsterkenntnis wissen Sie, dass Sie diese Wut und frühere Verletzungen nicht mehr brauchen. Diese Aspekte, die einem so zu schaffen gemacht haben, sind nicht mehr nötig, denn sie sind nicht Teil dessen, wer Sie sind. In Ihrem Kern sind Sie nämlich reine Liebe – wie wir alle. Wenn man die Wolken der Verletzungen und schwierigen Gefühle auflöst, entdeckt man nämlich, dass man sich stets für das Gute entscheiden kann.

Praktisch gesehen heisst das, wenn negative Gedanken hochsteigen, dann sollte man sich dieser Gedanken bewusst werden und sich stattdessen auf gesunde Weise auf das Gewünschte konzentrieren. Vielleicht sind Sie wütend auf sich, weil Sie am Vorabend zu lange aufblieben und nun müde sind. Doch statt sich Selbstvorwürfe zu machen, gewöhnen Sie sich besser an, in Ihren Gedanken daran positiv und liebevoll zu reagieren. Denken Sie also lieber: *Ich möchte dafür sorgen, dass dieser Tag besser wird.*

Machen Sie sich keine Vorwürfe, wenn Sie merken, wie Ihre Gedanken immer wieder in Negativität abdriften. Versuchen Sie einfach weiter, Gutes zu denken. Das ist genau so, wie wenn man seinen Körper trainiert. Zu Anfang eines neuen Fitnessprogramms ist man schnell außer Atem und bei jeder neuen Aktivität leicht erschöpft. Doch wenn man nicht aufgibt, wird alles sehr bald immer leichter. Im gleichen Sinn muss man sich anfangs mehr Mühe geben, sich auf gute Gedanken zu konzentrieren, aber mit ein wenig Übung wird dies viel einfacher und erfolgt bald ganz natürlich.

Achten Sie unbedingt auch auf die Worte, die sich Ihnen vielleicht automatisch aufdrängen. Fühlen Sie sich eher gut oder eher schlecht, wenn Sie sich selbst zuhören? Versuchen Sie stets, ganz bewusst Gutes auszusprechen und liebevoll zu sein. Auch das wird mit einiger Übung immer leichter.

Außer Gutes zu denken und auszusprechen sollte man aber auch handeln. Sobald Sie sich besser fühlen und viele Schichten losgeworden sind, die Sie gehemmt haben, entwickeln sich ganz natürlich Ideen, was Sie alles Gutes tun können und was für Sie selbst körperlich und seelisch förderlich sein wird. Dann ist der Zeitpunkt gekommen, aktiv zu werden!

Aktiv werden

Achten Sie darauf, was Sie glücklich macht, was Ihnen Energie schenkt und was Ihren Körper zum Kribbeln bringt. Sobald Sie erkennen, was Ihnen gut tut - tun Sie es. Vielleicht schreiben, malen oder kochen Sie gerne. Doch neben all den tagtäglichen Aufgaben und Pflichten denken Sie vielleicht: *»Ich habe für solche Dinge einfach keine Zeit mehr.«*

Man sollte unbedingt Zeit für diejenigen Dinge schaffen, die man gern tut. Es ist gut für Sie, zu tanzen, zu lachen oder künstlerisch tätig zu werden – all diese Dinge nähren Sie seelisch und sind außerdem beruhigend und entspannend. Allmorgendlich einfach aus Spaß zu joggen, sich mit einer Freundin einen lustigen Film ansehen, im Garten zu arbeiten und zusehen, wie schön alles wächst, jeden Morgen nach dem Aufstehen mit dem Hund spielen ... dies sind alles Tätigkeiten, die für Sie gut und positiv sind, bei denen Sie sich besser fühlen und die Sie mit Licht erfüllen.

Ich habe im Laufe der Jahre festgestellt, dass ich immer sehr leicht erschöpft wurde, wenn ich etwas tat, an dem ich keine rechte Freude hatte oder auch in Gegenwart mancher Menschen. Ich fühlte mich einfach nicht wohl, und das fand ich sehr anstrengend. Als mir das klar wurde und ich in engerem Kontakt zu meinem authentischen Selbst stand, achtete ich mehr darauf, was mir Auftrieb gab und was mich eher auslaugte. Jetzt halte ich mich ganz bewusst an Orten auf, die mir gefallen und bin mit Menschen zusammen, mit denen ich mich wohlfühle.

Ich habe auch ganz bewusst die Entscheidung getroffen, in meiner Freizeit nur Dinge zu tun, die mir wirklich Spaß machen. Für mich heisst das, am Strand spazieren gehen, Filme ansehen, Bücher lesen, meditieren oder meiner Kreavitität durch Malen, Bildhauerei oder Tanzen Ausdruck zu verleihen. Wenn man Dinge tut, die einem Auftrieb geben, hat man viel mehr positive Energie für alles andere im Leben.

Durch die Introspektion lernte ich auch, dass ich ein Mensch bin, der allein sein muss, um seine Energien wieder aufzuladen. Vielleicht höre ich dann Musik, gehe spazieren oder sitze einfach still für mich da. Sobald ich anfing, jeden Tag für eine Weile Auszeit für mich zu nehmen, machte das sofort einen großen Unterschied aus. Ich arbeite immer noch sehr viel, habe aber jetzt mehr Energie dazu, weil ich mir ganz bewusst und regelmäßig Zeit nehme, nachzudenken und mich zu erholen.

Es ist überaus wichtig, sich selbst zu erkennen und zu wissen, was einem gut tut. Es ist nämlich ziemlich leicht, Tag für Tag etwas in diesem Sinne zu unternehmen und in den Tagesablauf einzuweben. Denn wenn man Gutes denkt, Gutes ausspricht und Gutes tut, transformiert man sich innerlich und damit gleichzeitig auch die Umwelt. Unser nächster gemeinsamer Schritt heisst, diese Prinzipien anzuwenden und das Gute in einem selbst nach außen abstrahlen zu lassen für jene, die einem am nächsten stehen – Ihren unmittelbaren Lebenskreis.

KAPITEL DREI

Gutes für unsere Lieben tun

Ob uns das bewusst ist oder nicht, unsere Energie erzeugt genau so konzentrische Kreise wie ein Stein, den man ins Wasser wirft. Jeder Mensch hat seine eigene Schwingung, die von innen heraus in die Welt hinaus vibriert. Der erste Kreis außerhalb unseres Ichs, wo diese Schwingung empfunden wird, ist bei uns zu Hause. Gutheit hat die Kraft, besänftigend zu wirken und diejenigen zu erfreuen, die uns am Herzen liegen. Doch das gleiche gilt für negative Schwingungen. Wenn wir zulassen, dass wir eine Wolke aus negativer Energie mit uns nach Hause bringen – was passiert dann wohl? Dann wird jeder in diesem Haushalt sogleich davon angesteckt.

Stellen Sie sich vor, dass ein Mann außer sich vor Wut über etwas, was Ihm an diesemTag zugestoßen ist, nach

Hause kommt. Er schlägt zuerst einmal laut die Autotür zu, stürmt dann zur Tür herein und marschiert an seiner Frau vorbei, ohne auch nur Hallo zu sagen. Sie hat sich vermutlich auf seine Heimkehr gefreut, aber jetzt macht Sie sich Sorgen und wird bedrückt. Ob man ihm gekündigt hat? Ist er aus irgend einem Grund wütend auf sie? Sie sitzt nun traurig und ängstlich am Tisch. Das ist eine Szene, die sich überall leicht wiederholen kann. Sie wissen schon …

Aber … vielleicht spulen wir die Szene zurück und spielen Sie noch einmal durch. Dieses Mal kehrt der gleiche Mann von der Arbeit zurück und ist wieder außer sich vor Wut über etwas, was ihm zugestoßen ist, und wieder knallt er die Wagentür zu. Dann stürmt er auf die Haustür zu, aber im letzten Augenblick, ehe er das Haus betritt, besinnt er sich. Der Mann erkennt nun, dass seine Wut immer noch siedet und er sie im nächsten Moment in sein Zuhause hineintragen wird.

Er bleibt stehen und versucht ganz bewusst, sich zu beruhigen. Er atmet ein paar Mal tief ein und pustet mit jedem Atemzug die Wut aus sich heraus. Er weiß, dass seine Wut nichts mit seiner Familie zu tun hat. Außerdem ist er jetzt zu Hause.

Das tiefe Ein- und Ausatmen beruhigt seine Nerven, und nun kann er das Haus gelassen betreten. Er zieht den Mantel aus und begrüßt seine Frau mit einem herzlichen Lächeln, beugt sich zu ihr nieder, die am Tisch sitzt, und küsst sie. Sie erwidert sein Lächeln und erzählt ihm etwas Lustiges, auf das sie im Internet gestoßen ist, und sie lachen gemeinsam. Wie viel angenehmer ist dieser Beginn ihres gemeinsamen Abends?

Es ist ein ganz anderes Szenarium. Eine grundsätzliche Veränderung tritt ein, sobald der Mann seine Wut erkennt. Es dauerte nur eine knappe Minute, bis er sich beruhigt hatte. Bloß ein paar tiefe Atemzüge waren nötig – aber er traf die bewusste Entscheidung, etwas Gutes zu *denken*. Dann *sagte* er auch etwas Gutes – er begrüßte seine Frau herzlich. Anschließend *tat* er etwas Gutes. Er nahm sich die Zeit, sie in den Arm zu nehmen und ihr zuzuhören, was sie ihm über ihren Tag erzählte.

Vermutlich war er innerlich immer noch ein wenig erregt über das Geschehene. Aber er ließ es nicht zu, dass diese negative Wolke in sein Haus drang und seine Lieben beeinträchtigte. Außerdem fühlte er sich dadurch selbst besser, denn er konnte nun in Ruhe und Gelassenheit mit der Familie zu Abend essen, ohne eine unangenehme Szene heraufzubeschwören. So machtvoll wirkt es, wenn man etwas Gutes tut. Es ist ein großartiges Beispiel, wie leicht dies vonstatten gehen kann.

Vielleicht unterhalten sich der Mann und die Frau später in Ruhe über das Geschehene, und er kann ihr erzählen, wie sehr er sich aufgeregt hatte, aber dann würden beide dies mit mehr Gelassenheit sehen und bewältigen können. Wenn wir uns wieder beruhigen, können wir meistens auch die unangenehmsten Ereignisse in einem anderen Licht betrachten.

Harmonie statt Chaos

Jedes Mal, wenn Sie sich wütend fühlen, erregt sind, frustriert oder traurig, sollten Sie sich dies bewusst machen und akzeptieren. Ihre Gefühle sind vielleicht sehr intensiv, aber letztendlich sind sie bloße Energiefelder. Sie sind es, der sich entscheiden kann, wie Sie davon betroffen werden: Sie können Ihnen den Tag restlos verderben oder Sie entscheiden sich, sie zu akzeptieren und auf positive Weise freizusetzen.

Aber was passiert, wenn jemand in Ihrem Familienkreis Sie einfach verrückt macht? Sie können die Person ja nicht einfach hinauswerfen, denn letztendlich ist sie Ihnen wichtig. Sie können andere Menschen auch nicht ändern, sondern nur sich selbst. Es ist völlig der anderen Person überlassen, ob sie sich ändern will oder nicht. So ist das auch in der Natur: Ein Vogel ist ein Vogel und ein Fisch ist ein Fisch. Ein Vogel kann den Fisch nicht in einen Vogel verwandeln, noch kann ein Fisch einen Vogel zu einem Fisch machen. Doch wir Menschen nehmen immer wieder an, dass wir einander ändern können, und das verursacht in manchen Familien endlosen Kummer. Nun – zumindest bisher kam uns das endlos vor …

Ehe ein Konflikt mit einem Angehörigen völlig ausufert, beruhigen Sie sich und sagen sich (innerlich) *»Ich wähle Gelassenheit.«* Klingt doch ganz einfach, oder? Aber wenn das so einfach ist, warum verhält sich nicht jeder so? Ich habe erkannt, wenn jemand mich aufregt, dass dies in Wirklichkeit eine Gelegenheit ist, etwas in mir selbst zu erkennen. Wenn ich auf jemanden wütend bin, ist diese Wut in Wirklichkeit eine Energie in mir selbst. Daher frage ich mich dann: *»Was hat dieser Ausbruch in mir ausgelöst? Was muss ich tun, um den Konflikt zu lösen, damit ich mich wieder besser fühle?* Sobald ich meine innere Wut untersucht habe und begreife, kann ich sie freisetzen, tief durchatmen und mich für Gelassenheit entscheiden.

Wenn wir uns zugestehen, dass wir alle unter der Oberfläche strahlende Diamanten sind – und wir haben ja nun den Prozess begriffen, wie man die äußeren Schichten abträgt und lernt, sich zu lieben und zu akzeptieren - können wir auch andere bewusster und mitfühlender akzeptieren. Wir können außerdem lernen, ihnen dankbar zu sein, weil sie uns gezeigt haben, was wir innerlich lösen müssen.

Man sollte auch daran denken, dass unsere Lieben es wert sind, ebenso mitfühlend betrachtet zu werden wie wir selbst. Sie haben ja ihre eigenen Verletzungen, Frustrationen und Enttäuschungen erlebt, und vermutlich handeln sie ebenfalls aus Angst und Wut so. Beurteilen wir sie zu ihren Gunsten und versuchen, einen Kompromiss mit ihnen zu schließen. Dadurch begreifen wir ihren Standunkt und zeigen ihnen unsere Liebe.

Viele Familienkonflikte spitzen sich zu, weil eine Person eine andere durchaus ändern will. Beide Parteien fühlen sich im Recht und suchen die Zustimmung der anderen. Aber man sollte akzeptieren, dass auch unsere Lieben anders sind als wir, denn wir sind ja alle einzigartig. Angehörige erwarten vielleicht etwas anderes vom Leben, doch sie gehören trotzdem zur Familie.

Wenn wir diese Naturregel beachten, dass man einen anderen Menschen nicht ändern kann und wir uns entscheiden, die Besessenheit aufzugeben, andere ändern zu wollen und geben den Versuch auf, sie von unserem eigenen Standpunkt zu überzeugen, erteilen wir uns offiziell auch die Erlaubnis, loszulassen. Wir können ihnen aber trotzdem Hilfe, Unterstützung und Verständnis entgegen bringen. Wir können anbieten, für ihre Therapie, Entzug oder Berufsberatung zu bezahlen – was immer ihnen helfen mag – aber letztendlich müssen diejenigen, denen wir helfen wollen, dies auch wollen, denn sonst funktioniert es einfach nicht.

In diesem Fall liebt man sie einfach weiterhin wie zuvor. Lieben Sie sich selbst aus ganzem Herzen und lieben sie die anderen ebenso. Erkennen Sie das Gute in ihrem Kern, ihre Essenz, den Diamanten, der vielleicht verdeckt ist. Denken Sie Gutes über sie und sprechen Sie gut über sie. Glauben Sie an diese anderen. Unternehmen Sie etwas Positives, aber zwingen Sie ihnen nicht Ihren Willen auf. Mehr können Sie nicht tun, aber es bleibt trotzdem sehr machtvoll – eindrucksvoller jedenfalls als Brüllen und Schimpfen. Das steht fest.

Leider aber gilt auch, dass es nicht immer Wirkung zeigt, wenn man Gutes tut – so einflussreich es auch sein mag. Mehrmals im Laufe der Jahre habe ich erlebt, dass ich immer wieder versucht habe, positiv zu sein und alles in meiner Macht Stehende zu tun, um positive Gedanken auf bestimmte Menschen in meinem Leben zu richten. Doch manchmal, egal was man versucht, entscheidet sich der andere trotzdem, in seiner Negativität oder Wut stecken zu bleiben und vergangene Konflikte nicht loszulassen.

Akzeptieren und Loslassen

Schließlich und endlich erkennt man dann, dass man einfach akzeptieren muss, wie diese andere Person ist und dass noch so viele positive Gedanken und Taten Ihrerseits sie nicht ändern. An dem Punkt sollte man akzeptieren, dass dieser Mensch sich niemals ändern wird, und dann können Sie weder zusammen bleiben noch auch nur die Verbindung irgendwie aufrecht erhalten. Ich habe festgestellt, dass solche Situationen für mich nicht gut sind, denn ich kann in einem solchen Umfeld einfach nicht glücklich sein.

Jedes Mal, wenn man sich von einer Person löst oder trennt, die man sehr geliebt hat – ob es sich um einen Partner handelt, ein Kind, Geschwister oder einen lieben Freund – werden schmerzliche Gefühle auftauchen. Man fühlt sich wütend, verletzt, verraten, beschuldigt, schuldig, enttäuscht und vieles mehr. So schwer das auch ist, man sollte sich diese schmerzlichen Gefühle zugestehen, sich erlauben, sie zu empfinden und dann auf positive Weise loslassen. Ihr Herz sollte dabei offen und liebevoll bleiben. Wenn Sie sich selbst oder anderen etwas Gutes tun wollen, dann trennen Sie sich in Liebe. Man weiß ja nie, was der morgige Tag bringen wird.

Der Prozess des Loslassens und wie man ihn bewältigt ist Ihnen überlassen. Denken Sie nur daran, dass es nicht egoistisch ist, wenn man sich im eigenen besten Interesse entscheidet. Es ist notwendig, und man hat die Verantwortung, die beste Situation für einen selbst und andere zu wählen. Nicht alle Beziehungen zwischen Menschen funktionieren. Doch ich habe meistens festgestellt, wenn ich mich für Gutes entscheide und Gutes an diejenigen in meiner Nähe ausstrahle, dann hat dies auch eine positive Wirkung auf die Verbindung.

Wie machtvoll es ist, Gutes zu tun und anderen gesunde Gefühle zukommen zu lassen, ist bewiesen. Liebevolle Gesten, herzliche Umarmungen und ein fröhliches Lächeln sind Dinge, die auch schon ganz kleine Kinder begreifen. Ich habe neulich eine Fernsehsendung gesehen, die dies sehr deutlich demonstrierte.

In dieser Sendung saßen mehrere kleine Kinder in einem Raum, umgeben von großen Stoffpuppen. Die Kinder sahen fern – eine Show mit vielen unterschiedlichen Personen aller Altersgruppen, die einander freundlich und herzlich behandelten. Fast unmittelbar begannen die Kinder in dem Raum die Stoffpuppen ebenso zu umarmen. Sie begriffen sehr schnell, was zu tun war, und imitierten das auf dem Bildschirm Gesehene.

Anschließend wurde dieses Experiment wiederholt, doch diesmal waren auf dem Bildschirm die verschiedensten Personen zu sehen, wie sie einander schlugen und knufften. Und sofort begannen die Kinder das Gesehene wieder zu imitieren und behandelten die Stoffpuppen ebenso wie sie es gerade gesehen hatten.

Es war ziemlich verblüffend und dramatisch, wie dieses Experiment direkte Wirkung zeigte. Es erinnerte mich daran, wie wichtig es ist, sich ständig freundlich zu verhalten. Man weiß ja nie, wer einem zusieht und wie andere das eigene negative Verhalten deuten. Je besser man sich trainiert, sich selbst und Nahestehenden Gutes zu tun, umso mehr wird es zur Lebensweise, die all dies umfasst.

Die schlichte und starke Wirkung einer Umarmung oder eines Lächelns ist häufig bewiesen worden. Die Fernsehsendung, bei der die Kinder die Puppen umarmten, erfüllte mein Herz und meine Seele mit Wärme. Es erinnerte mich an eine Geschichte, die ich am »Tag der Guten Tat« in Israel hörte, als viele Menschen von ihren Erfahrungen berichteten.

Die Macht der positiven Energie

Diese Geschichte stammte von Dr. Blum, als er noch Direktor der Neurologischen Abteilung in einem der besten Krankenhäuser Israels war. Sein Sprechzimmer wirkte eigentlich immer eher wie ein Kinderzimmer. Überall, auf den Stühlen, Tischen und Regalen lagen oder saßen bunte Teddybären – selbst auf der Untersuchungsliege.

»Sie nennen mich in der Abteilung Dr. Teddybär«, meinte er grinsend. Dr. Blum lacht und lächelt sehr oft. »Lachen ist gesund«, verkündete er. »Unsere Stimmung, unsere emotionale Situation und unsere spirituelle Energie haben allgemein starken Einfluss auf die Heilung. Das lernte ich, als zusätzlich zu meiner Schulmedizin auch alternative Heilmethoden studierte.«

»Aber die Teddybären«, gestand er, seien eine Idee seiner jüngsten Tochter, der sechzehnjährigen Maya gewesen. »Wir reden häufig über meine Arbeit hier im Krankenhaus, denn sie interessiert sich sehr dafür und überlegt schon, ob sie auch Medizin studieren sollte. Eines Tages fragte sie mich, was das schwierigste Stadium bei der Behandlung der Patienten sei. Ohne Nachzudenken antwortete ich spontan, dass es die Heilung sei.

»Es gibt viele Fälle, in denen die Behandlung über alle Erwartung hinaus anschlägt, aber trotzdem erholt sich der Patient nur sehr langsam und mit Schwierigkeiten«, erklärte Dr.Blum. »Da haben wir gemeinsam überlegt, wie wir den Heilprozess unterstützen können, und Maya meinte, wir müssten einen Weg finden, ihnen Heilenergie zu geben, die sie langfristig unterstützt. Sie schlug vor, die Teddybären mit positiver Energie sozusagen aufzuladen und dann den Patienten zu geben.«

So wurde das Projekt der »Heilbären« geboren. »Maya hatte eine umfangreiche Sammlung von Teddybären und beschloss, sie alle für das Projekt zu spenden«, erinnerte sich Dr. Blum. »Wir setzten uns gemeinsam hin, um zu meditieren, und übertrugen gute Heilenergie auf die Bären. Dann brachten wir sie ins Krankenhaus.«

Dr. Blum sagte, die Wirkung sei erstaunlich gewesen. Patienten, die einen Bären erhielten, berichteten von viel weniger Angstzuständen, dass sie tiefer und friedlicher schliefen und sich rascher erholten. »Als andere Leute von den Heilbären hörten, wollten sie dazu beitragen und begannen, mehr Bären zu spenden. Heute können wir jedem Patienten in diesem Krankenhaus einen Bären geben, der mit positiver Heilenergie aufgeladen wurde«, schloss der Mann, der stolz ist, als Dr. Teddybär bekannt zu sein.

Bei näherer Betrachtung erkennt man, dass es ein sehr einfaches Experiment war. Und es funktionierte! Eine einzige Familie, Dr. Blum und seine Tochter, bewiesen, dass guter Wille und positive Energie die Macht haben, Menschen zu beeinflussen, die durch diese Gutheit berührt werden. Bei ihrem Weg zu mehr Güte werden auch Sie Ihr eigenes Potenzial dafür erkennen.

Man kann auch seine Angehörigen viel besser auf ihrem Weg unterstützen, wenn diese ihr eigenes Potenzial verwirklichen wollen. Über kurzem werden Sie erkennen, dass Gutes tun jeden Aspekt Ihres Lebens durchdringt und ihren Angehörigen mehr Lebenskraft und Freude schenkt.

Es ist niemals zu spät für eine Heilung

Ich staune immer wieder darüber, wie machtvoll es ist, Gutes zu tun. Ich hatte guten Grund, an diese Kraft zu glauben, als ich in den letzten paar Jahren miterleben musste, wie meine beiden Eltern krank wurden und starben. Ich verlor meinen Vater Ted Arison 1999 durch Krebs, Herzkrankheit und Diabetes. 2012 verlor ich meine Mutter Mina Arison Sapir nach langer, chronischer Lungenkrankheit.

Beide lebten damals in Israel in der Nähe meiner eigenen Familie. Zweimal, zu verschieden Zeiten, saß ich zuerst am Krankenbett meines Vaters und zehn Jahre später bei meiner Mutter. Beide Male warteten wir gemeinsam auf ärztliche Diagnosen und Testergebnisse, wir machten die schreckliche Angst durch, als sie ins Krankenhaus eingeliefert wurden. Bei jedem Telefonklingeln zuckte ich zusammen – und dann die Agonie, wenn ein geliebter Mensch leiden muss.

So stressvoll das für sie und mich war, so war ich doch dankbar, dass ich sie dabei unterstützen konnte. Mein ganzes Leben lang hatte ich mich weder Mum noch Dad sehr nahe gefühlt. Ich glaube, sie beide waren aufgrund der Kultur, in der sie aufwuchsen, nicht der Typ, der tiefe Zuneigung und Liebe leicht ausdrücken kann. Während meiner Kindheit und auch im späteren Leben wurden alle Gefühle immer unter Verschluss gehalten. Doch trotz unserer Unterschiede respektierte und liebte ich sie beide und wusste auch mich ebenfalls geliebt.

Daher betrachte ich es als einen Segen, dass wir später im Leben all die Verletzungen, die Wut, die mangelnde Kommunikation und die Enttäuschungen der Vergangenheit überwinden konnten und fähig wurden, einander zu vergeben. Ich betrachte es als Glücksfall, dass ich die Chance hatte, vor ihrem Tod alles zu sagen, was mir auf dem Herzen lag. Ich bin sehr froh, dass ich ihnen zuhören konnte, dass ich ihnen zeigen konnte, wer ich wirklich war und schließlich eine echte, tief empfundene Bindung an sie erlebte, auch wenn es schon kurz vor dem Ende war.

Mein Vater hatte es sich ausdrücklich ausbedungen,

dass nach seinem Tod keine Trauerrede gehalten würde, doch nach dem Tod meiner Mutter entschloss ich mich, diese Rede zu halten. Ich sprach über ihre vielen Stärken und guten Eigenschaften und erwähnte die Höhen und Tiefen und die Realität unserer Leben. Ich sprach darüber wie wir nach Jahren der Distanz ein echtes Gefühl von Zusammenhalt entwickeln konnten – das unsere Familie mit Wärme und Liebe verband.

Ich sagte bei ihrer Trauerfeier, dies sei der Beweis dafür, dass es niemals zu spät sei. Es ist nie zu spät, miteinander zu reden, zuzuhören, zu verstehen und einander zu akzeptieren. Es ist nie zu spät für Vergebung. Das war keine leichte Rede für mich in dieser emotionalen Phase, aber ich fühlte mich getrieben, an diesem Tag unseren Freunden und Angehörigen unseren komplizierten Weg miteinander mitzuteilen.

Ich bin sehr froh, dass ich es getan habe. Es stellte sich heraus, dass meine Offenheit von allen Anwesenden ausdrücklich gelobt wurde. Noch Wochen und Monate später hörte ich von Menschen, die von der Gutheit meiner Geschichte so gerührt waren, dass sie sich angeregt fühlten, die Initiative zu ergreifen und langdauernde Konflikte innerhalb ihrer Familie zu bereinigen.

Wie ich schon zu Anfang sagte, wenn man Gutes denkt, Gutes ausspricht und Gutes tut, verwandelt man sich innerlich. Dadurch strahlt die erzeugte Gutheit nach außen auf andere Menschen ab.

Betrachten wir dieses Prinzip nun auf der nächsthöheren Ebene: Bei Ihren Nachbarn, Klassenkameraden, Kollegen und allen anderen, mit denen wir in täglichem Kontakt stehen. Die Wirkung Ihrer Gutheit wird von jedem gespürt, dem Sie begegnen.

KAPITEL VIER

Gutes im Alltag tun

Jeder sucht beim Erwachsenwerden seinen Platz in der Welt, von dem aus er seine ganz bestimmte, eigene Lebensweise entwickeln kann. Es ist der Prozess, seinen Lebensweg und seine wahre Berufung zu finden. Ich bin überzeugt, dass wir allein schon dadurch, dass wir Gutes tun, dieses Ziel leichter erreichen.

Das Leben ist in vieler Hinsicht wie ein Orchester. Jedes Instrument ist einzigartig, mit seiner eigenen Frequenz, Tonlage, Tonart und Lautstärke. Das Cello ist ein Cello, das Klavier ein Klavier, die Geige eine Geige … jedes Instrument hat seine ureigene Stimme und muss regelmäßig fein abgestimmt werden. Darüberhinaus müssen die Musiker über die gesamte Länge des gespielten Stücks einander respektieren und jedes Instrument seine eigene Rolle spielen lassen. Wenn die Instrumente gestimmt sind und mit Respekt für die anderen gespielt werden, produziert das Orchester wunderbare Musik. Doch wenn die Instrumente nicht richtig gestimmt sind oder wenn sie nicht respektvoll in Einklang gebracht werden, dann entsteht einfach bloß Lärm und keine Musik.

Wir können viel von den Musikern lernen, die vor jedem Konzert für sich ihr Instrument stimmen. Ich glaube, dass wir im Alltag ebenso unser inneres Selbst einstimmen müssen, ehe wir uns anderen gegenüber äußern, damit unsere Stimme und unsere Gefühle klar, korrekt und echt sind – damit wir unsere eigenen authentischen Noten spielen können.

Sobald wir in uns selbst stimmig sind, müssen wir genau wie die Musiker die anderen Menschen in unserer Umgebung berücksichtigen und ihre Individualität und Überzeugungen respektieren, damit Harmonie herrscht. Wenn wir aber nicht in uns selbst stimmig sind und andere nicht mit Respekt behandeln, wird in unserer täglichen Umgebung nichts anderes herrschen als Chaos und Lärm, ob das in der Schule ist, bei der Arbeit oder zu Hause. Daher liegt es an uns, die Entscheidung für Chaos oder Harmonie zu treffen. Welche Klänge möchten Sie am liebsten hören?

Entscheiden Sie sich für die groben Töne von Wut und Hass oder für eine weiche Melodie aus Liebe und Mitgefühl? Geben Sie sich Mühe, genau zuzuhören und selbst eine persönliche Melodie zu spielen, die präzise, harmonisch und respektvoll ist – ein Lied, das die Atmosphäre in Ihrem Alltag von bloßem Lärm in Musik verwandeln kann und von Chaos zu Harmonie führt.

Ich glaube, dass unsere Suche nach einer harmonischen Welt mit dem Gutem beginnt und endet, das wir tun. Gutheit entströmt uns in immer weiter werdenden Kreisen über uns selbst und unsere Familie hinaus, zu den Nachbarn, Klassenkameraden, Kollegen und allen Individuen, mit denen wir tagtäglich Kontakt haben.

In Ihrem Alltag sollten Sie sich bewusst sein, dass Gutes tun nicht unbedingt bedeutet, materielle Dinge zu verschenken. Man kann auf viele verschiedene Arten gut zu sich selbst und den Menschen in unserer Nähe sein. Ein Lächeln, ein freundliches Wort, ein überlegter Ratschlag, eine mitleidige Schulter zum Ausweinen und aufmerksames Zuhören – keines dieser Dinge kostet etwas, doch sie sind allesamt für den Empfänger mehr wert als man sich vorstellen kann. Ich glaube, dass jeder Mensch an sich gut geboren ist, und wir lernen schon sehr früh von den Eltern den Unterschied zwischen Gut und Böse. Schon als Kind wollte ich Gutes tun, weil ich eine Menge Unrecht in der Welt spürte. Ich konnte einfach nicht begreifen, wie grausam manche Menschen einander behandelten. Schon in der Schule verstand ich nicht, warum nicht alle Kinder gut miteinander auskamen. Und gewiss haben diese Gedanken mich mein ganzes Leben lang bis heute begleitet.

Unsere Welt ist nicht perfekt, und schon in uns selbst herrscht ein ständiger Kampf zwischen Gut und Böse – und wir müssen ständig darüber Entscheidungen treffen.

Herausfinden, was man zu bieten hat

Die Entscheidung, Gutes zu tun, bedeutet, dass man dadurch seinen Platz im Leben findet. So hat das jedenfalls für mich funktioniert. Als ich anfangs, vor vielen Jahren, im Aufsichtsrat einer meiner Firmen in Israel saß, war ich sehr unsicher. Bisher hatte ich mit Freizeit- und Reisefirmen gearbeitet, was mir sehr gefallen hatte. Außerdem hatte ich eine kleine Gesellschaft und die Familienstiftung geleitet. Doch an diesem Tisch, umgeben von so vielen Finanzexperten, fühlte ich mich wie ein Fisch auf dem Trockenen.

Zuerst verglich ich mich mit allen anderen in diesem Aufsichtsrat, die eine solide Finanzkarriere hinter sich hatten und bei denen sich alles immer nur um Zahlen drehte. Ich versuchte eine ganze Weile lang, mich ihnen anzupassen. Aber schließlich erkannte ich, dass ich mich mit diesen Personen überhaupt nicht vergleichen konnte. Wenn wir die Finanzen durchgingen, langweilte ich mich immer, während die anderen höchst lebendig wurden.

Doch dann, wenn es um Visionen und Strategien ging, um Kundenservice und Marketing und wie man betroffene Gemeinschaften entschädigt, da wurde ich sehr lebendig! Hier hatte ich sehr viel zu bieten, und ich merkte begeistert, dass ich in dieser Umgebung nun meinen Platz gefunden hatte. Ich beschäftigte mich intensiver mit diesen Aufgaben, aber wenn ich dann über meine Visionen sprach, verstanden die anderen am Tisch nicht, dass solche Ziele ebenfalls nötig waren.

Da ging mir auf, dass ich überhaut nicht wie die anderen zu sein brauchte. Was ich zu bieten hatte, war etwas ganz anderes als deren Beiträge, doch es blieb ein wichtiger Teil im Gesamtbild der Firma. Damals begriff ich, dass jeder Mensch seinen eigenen Platz im Leben hat, wo er seine ureigenen Fähigkeiten für das größere Ziel einsetzen kann. Das Leben ist wie ein riesiges Puzzlespiel, von dem jeder ein Teil ist. Jedes Teilchen ist einzigartig in Größe, Form und Farbe. Man kann das Bild insgesamt erst erkennen, wenn man alle Teilchen zusammenfügt und das Gesamtbild allmählich auftaucht!

Und genau wie die unzähligen bunten Puzzleteilchen unterscheidet sich jedes Leben grundlegend von dem Leben anderer. Meine Arbeitswelt dreht sich um wirtschaftliche und philanthropische Unternehmen, und die Zeit, die ich dafür aufwende, muss ich im Gleichgewicht halten mit der Zeit für meine Familie und mein Privatleben. Andere Menschen arbeiten vielleicht als Bergleute oder Köche, als Bauern oder Lehrer, Wissenschaftler oder sie studieren noch. Vielleicht arbeiten sie im Einzelhandel, im

Gesundheitswesen oder zu Hause als Eltern oder Pfleger – die Liste von Berufen und Lebensaufgaben auf dieser Welt ist schlichtweg endlos.

Man kann seine einzigartigen Talente und den damit verbundenen eigenen Lebensweg auf viele verschiedene Weisen erkunden, aber warum beginnen wir nicht damit, etwas Gutes zu tun? Versuchen Sie, Ihre Fantasie spielen zu lassen, wo Sie am besten hinpassen. Nicht jeder, der musikalisch ist, muss unbedingt Konzertreife erlangen, besonders dann nicht, wenn man Lampenfieber hat. Doch sicherlich kann man beispielsweise Musik unterrichten.

Wie wollen Sie gesehen werden?

Wenn Sie sich daran begeben, Ihren ureigenen Lebenssinn zu entdecken, denken Sie an die vielen Begegnungen mit Menschen in Ihrem Alltag. Betrachten Sie genau das Image, das diese Menschen Ihnen zurückspiegeln. Wollen Sie so in den Augen der Welt wirken? Ist es das, was Sie selbst in der Welt sehen wollen? Wenn das nicht zutrifft, müssen Sie Ihre Optionen betrachten und ausloten, was vielleicht geändert werden muss, damit Sie das volle Potenzial dessen ausleben, was Sie in Ihrem Innern spüren.

Ich bin überzeugt, auch Sie können Ihre wahre Leidenschaft und Ihre Begabungen entdecken – Ihren Platz im

Orchester des Lebens. Ihre Leidenschaft und Ihre Talente haben oft nicht viel mit Ihrer Ausbildung zu tun, denn es handelt sich hier um bewusste Entscheidungen. Sie sind es, der letztendlich entscheidet, wie Sie in Ihrer Arbeitswelt und im Alltag generell betrachtet werden wollen. Fragen Sie sich. *Was feuert mich am stärksten an? Wobei glaube ich persönlich zu reifen? Wohin soll mein Lebensweg mich führen?*

Sie haben in Ihrem Alltag wunderbar Gelegenheit, herauszufinden, wie Sie Ihre Talente und Leidenschaften weiter entwickeln können. Wenn Sie einen Weg finden, der Ihnen zusagt, dann können Sie mit einem Gefühl der Erfüllung leben, lernen und arbeiten. Das ist das letztendliche Ziel. Und ich glaube, dass Gutes tun eine Möglichkeit darstellt, allen Aspekten Ihres Lebens mehr Wert zu verleihen; es kann Sie zu höheren Zielen hinführen, die über Sie hinausgehen. Wenn Sie sich beständig entscheiden, Gutes zu denken, auszusprechen und zu tun, werden dadurch sämtliche Aspekte Ihres tagtäglichen Lebens bereichert.

Mir ist es gelungen, in meinem Alltag, das heisst zu Hause und in all meinen Firmen und philanthropischen Unternehmungen, Gutes zu integrieren. Ich freue mich, wenn ich andere durch diese Aktivitäten inspirieren kann, wenn ich anderen vorleben kann, wie Gutes tun in unserer Welt einen Riesenunterschied ausmachen kann.

Sehr viele Menschen entscheiden sich bewusst, positiv zu handeln. Eine meiner Lieblingsgeschichten dreht sich um Keren, die für eine große High-Tech-Firma arbeitet. Sie macht ständig Überstunden und setzt sich die Woche über voll für ihre Arbeit ein.

Aber am Wochenende widmet sich Keren ausschließlich ihrem Lieblingsprojekt: Traumkuchen »Schon als Kind habe ich immer gerne gebacken«, sagte sie. »Aber in den letzten Jahren habe ich festgestellt, dass ich immer mehr Kuchen buk, als meine Familie und Freunde essen konnten. Alle sagten, ich solle meine Backerei kommerziell betreiben, aber ich wollte meine Kuchen einfach nicht verkaufen. Meiner Meinung nach sind sie mit Liebe entstanden, und Liebe kann man weder kaufen noch verkaufen.«

Schließlich setzte sich Keren mit einer Stiftung für behinderte Kinder in Verbindung. Sie bot an, jedem der dort betreuten Kinder einen ganz besonderen Geburtstagskuchen zu backen – einen Traumkuchen eben.

»Ich besuchte die Stiftung und fragte die Kinder nach ihren Traumkuchen. War es eine Schokoladentorte? Eine Erdbeertorte? Ein Vanillekuchen? Wünschten Sie sich den Kuchen in Form eines Fußballs oder einer Elfe? Welche Farbe schwebte ihnen vor? Welche Größe? Und dann buk ich für sie genau den Kuchen, den sie sich gewünscht hatten. Daher wurde für jedes Kind eine Fantasie zur Wirklichkeit, und sie fühlten sich einzigartig und wertvoll. Die Kids liebten meine Kuchen, und ich hatte endlich einen Platz für meine Leidenschaft gefunden.«

Sie sehen, Gutes tun kann so viel mehr bedeuten als ein Hobby oder eine bestimmte Aufgabe einmal im Jahr. Je mehr man dies Tag für Tag übt, umso stärker wird Gutes tun zu einer bestimmten Lebensweise. Ich weiß, dass dies zutrifft, denn ich kenne Tausende von Geschichten aus aller Welt, die dies bestätigen.

Gut sein verwandelt einen innerlich, und wenn dieses Gutsein nach außen zu allen abstrahlt, mit denen Sie in Berührung kommen, dann wird Ihr Leben insgesamt harmonischer. Als nächstes weiten wir dieses Prinzip – Gutes denken, Gutes aussprechen und Gutes tun – aus und zeigen, wie sich Gutsein auf Ihre gesamte Gemeinschaft auswirken kann.

KAPITEL FÜNF

Gutes tun für die Gemeinschaft

Eine der wichtigsten Lektionen meines Lebens, die meine Familie mir beibrachte, drehte sich um die Gemeinschaft. Als Bürgerin sowohl der Vereinigten Staaten als auch von Israel hatte ich oft das Gefühl, nirgendwohin richtig zu gehören. Doch trotzdem wuchs ich mit dem Konzept auf, dass es wichtig ist, egal wo man lebt und arbeitet, etwas für die Gemeinschaft zu leisten und zu begreifen, dass man ein wertvolles Mitglied dieser Gemeinschaft ist. Jeder kann dazu beitragen, in kleinerem wie in größerem Rahmen. Das hängt vom Einzelnen ab. Dies wurde mir schon in jungen Jahren eingeflößt, und ich habe es nie vergessen.

Es ist egal, wie groß Ihre unmittelbare Gemeinschaft ist. Ob Sie Mitglied eines Stammes sind, eines Clans, oder in einem winzigen Dorf leben, ob Sie vielleicht aus einer Kleinstadt stammen oder einer Metropole oder auch auf einer fernen Insel mitten im Meer großwurden. Ganz gleich, wie groß und vielfältig diese Gemeinschaft ist, die Sie Ihre Heimat nennen, es ist Ihre persönliche Verantwortung, sich für den Ort einzusetzen, an dem Sie leben und arbeiten.

Daher fühlt sich *Arison Investments* mit all seinen Tochtergesellschaften verpflichtet, für Individuen und Kommunen Werte zu schaffen und sich dafür einzusetzen, einen echten Unterschied in den Ländern rund um die Welt zu bewirken, wo wir entweder arbeiten oder investieren. Wir schätzen sämtliche Projekte von einer sozialen, ökonomischen und ökologischen Perspektive aus ein und wenden bei allen Unternehmungen werteorientierte Praktiken an.

Unsere philanthropischen Aktivitäten haben das gleiche Ziel: dass wir einen echten Unterschied in unseren Kommunen und unserem Land bewirken. Vor mehreren Jahrzehnten habe ich für meinen Vater in Miami eine Familienstiftung gegründet, um das Spenden einfacher zu machen. Nach meinem Umzug habe ich eine ähnliche Organisation, die *Ted Arison Family Foundation* (TAFF) gegründet, die in Israel ihren Sitz hat. Wir achten darauf, was die Kommunen und das Land insgesamt brauchen und investieren in Israel durch TAFF in soziale Projekte auf den Gebieten des Erziehungs- und Gesundheitswesen, für

Behinderte, in Kultur, Kunst und Sport. Darüber hinaus ist TAFF der Jugendhilfe stark verpflichtet und unterstützt Gemeinschaften in Notsituationen.

Durch TAFF haben wir zudem mehrere visionäre Organisationen gegründet, wie *Matan* (eine Organisation der Spendenhilfe), ein Unternehmen nach dem Vorbild von *United Way*. Mit der Gründung von *Matan* wurden wir zum Katalysator für gesellschaftliche Spenden, indem wir Wirtschaftsunternehmen und deren Angestellte aufforderten, zur Finanzierung von notwendigen Projekten ihrer Gemeinschaft beizutragen. Dadurch haben wir eine Spendenkultur ins Leben gerufen, wie sie es zuvor in Israel nicht gab.

Eine weitere Unternehmung ist die bereits erwähnte *Essence of Life*. Diese Organisation entsprang meiner Vision, dass jeder Einzelne zuerst Frieden in sich selbst finden muss, um Weltfrieden zu erlangen. Die *Essence of Life*-Organisation verbreitet Anregungen zur Bewusstseinsbildung und stellt Instrumente zur Friedensbildung durch einen breitgefächerten und holistischen Ansatz zur Verfügung.

Das Samenkorn guter Taten

Im Rahmen der Familienstiftung haben wir uns einer wunderbaren Organisation angeschlossen, *Ruach Tova* (Guter Geist). Individuen, die irgendwo freiwillig mitarbeiten wollen, werden an Organisationen vermittelt, die ehrenamtliche Mitarbeiter suchen. Alle Bürger Israels werden aufgefordert, ehrenamtlich tätig zu sein. Das gleiche gilt für Besucher aus dem Ausland, die bei ihrem Israel-Besuch vielleicht Freiwilligenarbeit leisten wollen.

Mit Hilfe von *Ruach Tova* konnte der »Tag der Guten Tat« in Israel verwirklicht werden, der so populär wurde, dass es nun einen internationalen »Tag der Guten Tat« gibt. Aufgrund dieses Erfolgs erkannte ich die Chance, ein sogenanntes »Good-Net« einzurichten, ein völlig neues online-Forum, über das ich im Weiteren berichten werde.

Heute sehe ich in Israel, dass überall viel Gutes getan wird. Auch bei meinen Reisen stelle ich fest, dass es viele Menschen in der Welt gibt, denen dies wirklich am Herzen liegt. Bei einem kürzlichen Besuch in New York sah ich beispielsweise Poster, auf denen freiwillige Helfer gesucht wurden, um den Abfall im Central Park aufzusammeln. So etwas kostet nichts – man braucht dazu nur die Bereitschaft, etwas Gutes zu tun.

Es gibt viele Gründe, Gutes zu tun, doch manchmal zucken die Leute bloß mit den Schultern und sagen: »Was soll das schon bewirken? Ich stehe damit doch ganz allein.« Aber das stimmt nicht – jeder Einzelne kann einen Unterschied bewirken.

Vielleicht kennen Sie die Geschichte von dem Seestern, die, wie ich glaube, von dem Werk Loren Eiseleys inspiriert wurde. Vor langer Zeit, so heisst es da, spazierte ein alter Mann eines Morgens am Strand entlang und sah vor sich einen jüngeren Mann, der sich immer wieder bückte und Seesterne aufhob, die er dann sanft zurück ins Meer beförderte.

Er holte den jungen Mann bald ein und fragte ihn, warum er dies tat. Der andere erklärte, dass die Sonne immer höher stieg und Ebbe herrschte. Wenn er die Seesterne nicht zurück ins Wasser brachte, würden sie austrocknen und sterben. Darauf erwiderte der alte Mann spontan: »Sehen Sie denn nicht, dass dieser Strand meilenweit reicht und überall Tausende von Seesternen liegen? Die können Sie doch unmöglich alle retten!« Der junge Mann hörte ihm höflich zu, bückte sich, um einen weiteren Seestern aufzuheben und ins Meer zu werfen, und sagte dann: »Na, für diesen hier macht es einen Unterschied aus.«

Auch Sie können einen Unterschied bewirken. Es gibt unzählige Wege, wie man seiner Gemeinschaft, seiner Stadt helfen kann. Ich würde Ihnen empfehlen, etwas zu tun, was Ihnen Spaß macht. Erkunden Sie, was Ihre Umgebung braucht und verwirklichen Sie dies, indem Sie ihre Zeit ehrenamtlich zur Verfügung stellen oder etwas spenden. Auch wenn Sie nicht daran interessiert sind, freiwillig zu arbeiten, können Sie auf andere Weise viel Gutes tun, wie etwa unterwegs Abfall aufheben, jemandem die Tür aufhalten oder einem anderen im Bus den Platz anbieten.

Mit anderen in Berührung kommen

Wenn ich überlege, wie man für die Gemeinschaft oder seine Heimat etwas Gutes tun kann, bin ich immer wieder fasziniert, wie kreativ Menschen sein können, und wie viele Möglichkeiten sie finden, etwas Gutes zu tun. Viele Initiativen in meinem eigenen Land, aber auch an vielen anderen Orten in der Welt, überschreiten sämtliche Grenzen. Das begeistert mich immer wieder.

Ein Erlebnis wede ich nie vergessen. Es war der Anblick einer Gruppe älterer Überlebender des Holocaust, als sie die ersten Töne bei einem Konzert hörten, das eigens für sie aufgeführt wurde. Hier fand eine vielfache Verschmelzung von Kulturen statt: Es war ein Chor aus den besetzten Gebieten (Palästina) mit seinem Orchester und Dirigenten. Sie hatten die Grenze nach Israel überquert. Die Emotionen und die positiven Gefühle, die dies im Publikum erweckte, waren unglaublich. Auch die anwesenden internationalen Medien waren zutiefst gerührt von der Atmosphäre von Liebe und Wohlwollen in diesem Saal. In einer anderen Gemeinde arbeiteten arabische und jüdische Kinder zusammen, um ihre Umgebung zu verschönern. Schüler von zwei Schulen arbeiteten gemeinsam an einem großen Kunstwerk – sie bemalten die lange Mauer zwischen ihren beiden getrennten Nachbarschaften und schrieben Friedensbotschaften in Hebräisch und Arabisch darauf. Hier fanden Herzen zueinander, Freundschaften entwickelten sich. An diesem Tag schlug der Gedanke Wurzeln, dass keine Mauer Menschen trennen kann, die sich einig sind, Gutes zu tun.

Eine weitere bewegende Erinnerung ist der Blick einer Frau, die meine Hand hielt, als wir zusammen zum Projekt für den »Tag der Guten Tat« in Jerusalem gingen. »Niemand hat sich je um uns gekümmert, niemand kommt sonst hierher«, sagte sie feierlich. »Das ist das erste Mal, dass jemand uns beachtet. Schauen Sie, was heute geschehen ist!« rief sie dann und deutete auf eine größere Menschengruppe, die die heruntergekommene Gegend aufräumte und renovierte. »Wir arbeiten nun alle zusammen – Nachbarn, Soldaten und Freiwillige von Jugendorganisationen. Es geht nicht nur um die Werkzeuge und die Farbe, die sie mitgebracht haben. Es geht um diesen ansteckenden Geist, etwas Gutes zu tun.«

Natürlich geht es nicht nur um einen einzigen Tag und auch nicht bloß um ein einziges Land. Wir wissen, dass überall in der Welt ständig persönlich und kollektiv gute Taten geschehen. Tagtäglich sehen wir in unserem Alltagsleben, wie Menschen ganz normal gut und freundlich sind. Aber warum sehen wir nie in den Nachrichten, wie und wo sich diese Gutheit und dieses Mitgefühl zeigen?

Viel zu oft sehen wir das Gegenteil ... und dorthin führt uns dieses Buch als nächstes. Wir erkunden, in welcher Vielfalt uns die Welt dargestellt wird und was wir tun können, um das Gute darin zum Vorschein zu bringen.

KAPITEL SECHS

Die Wirkung von Guten Taten

Sobald wir eine Nachrichtensendung ansehen oder eine Zeitung aufschlagen, werden wir fast immer von schlechten Nachrichten bombardiert – Kriegsreportagen, Chaos, Gewalt, Katastrophen und viele andere Situationen, die einem fast das Herz brechen. Ich bin überzeugt, dass viele Menschen persönlich davon betroffen werden, wie uns die Medien die Welt darstellen. Es ist leicht zu erkennen, wie man dadurch ängstlich und deprimiert wird.

Ich bin immer dafür eingetreten, dass Nachrichten uns die Einzelleben und unsere Gesellschaft im wahren Licht zeigen sollten. Aber trifft das zu? In den Nachrichten werden uns meistens üble Dinge gezeigt, aber ist diese Welt tatsächlich so schlecht? Nein, natürlich nicht. Tag für Tag begegnen wir Menschen, die hilfsbereit und freundlich sind – Menschen, die sich einsetzen, wenn jemand etwas braucht. Wir begegnen Tag für Tag Ärzten und Feuerwehrleuten, die sich ständig für ihre Gemeinschaft und deren Mitglieder einsetzen. Unsere Welt ist eindeutig nicht so elend und hoffnungslos, wie die Medien versuchen uns glauben zu machen.

Es stellt für mich eine große Herausforderung dar, dass viele Männer und Frauen in den Medien dazu neigen, negative Schlagzeilen und Sensationsgeschichten zu bevorzugen, wenn sie über Ereignisse in aller Welt berichten sollen. Ich bin überzeugt, dass unsere Zeitungen und die Nachrichtensendungen besser sein könnten, aber wir sollten nicht bloß den Journalisten, Programmleitern oder den Fernsehstationen Vorwürfe machen. Sie zeigen uns ja nur, was ihrer Meinung nach die höchsten Leser- und Zuschauerzahlen gewinnt. Schließlich sind wir selbst es, die die Nachrichten lesen, ansehen und anhören, und als Eltern etablieren wir auf diese Weise, dass unsere Kinder bestimmte Sendungen ansehen, selbst wenn wir deren Werte bezweifeln.

Letztendlich läuft all dies auf eine gegenseitige Verantwortung hinaus. Die Medien und wir alle sind dafür verantwortlich, diese Situation zu verbessern und die Qualität dessen zu steigern, was in den Zeitungen geschrieben wird, was wir im Radio hören und im Fernsehen oder Online sehen. Statt ständig nur zu jammern und zu klagen, liegt es an uns, einen besseren Standard in Zeitungen und

Programmen zu verlangen, wenn wir nicht weiterhin mit Sorgen, Angst und Depressionen leben wollen.

Ich persönlich habe schon vor Jahren beschlossen, weder Zeitungen zu lesen noch Nachrichtensendungen anzusehen oder zu hören, denn mich macht das einfach verrückt. Ich merkte, wie sehr es mich deprimierte und mir sämtliche Energie raubte, als ich noch jeden Tag die Nachrichten hörte und Zeitung las, in denen nur Drama und Chaos zu Wort kamen. Das lähmte mich und verhinderte, dass ich mich für eine bessere Welt einzusetzte, in der ich statt dessen leben wollte.

Natürlich bekomme ich als Geschäftsfrau täglich Berichte, was sich in der Welt zuträgt, aber sie sind eher sachlich gehalten. Ich weiß daher, was sich auf den Aktienmärkten abspielt und was in der Welt passiert, aber es sind bloß die nackten Fakten ohne jegliche Sensationen.

Positive Informationen

Sobald ich wieder klarer denken konnte, fragte ich mich, wie ich konstruktiv helfen konnte, zusammen mit den Medien eine bessere Welt zu schaffen. Ich wollte versuchen, den Journalisten zu zeigen, wie sie eine bessere Welt erschaffen konnten, indem sie in Zeitungen, Fernsehen, Radio und Internet Berichte schrieben und Programme entwickelten, die positiver und erhebender waren als alles, was uns gegenwärtig vorgesetzt wurde.

Ich weiß, wie machtvoll die Medien Veränderungen bewirken können, und ich wollte einen Weg finden, wie die in diesem Umfeld Arbeitenden positivere Dinge berichten oder sie zumindest ausgewogener darstellen konnten. Dazu gründete ich das *Shari Arison Center for Communication Awareness* am Interdisziplinären Center (IDC) in Hertzliya.

Die Studenten dort lernen die Grundlagen im Medientraining für Gedrucktes, Radio, Fernsehen und das Internet, aber in unserem Center wollen wir ihnen noch mehr beibringen, um sie in ihrer beruflichen Laufbahn und im weiteren Leben zu unterstützen. Wir vermitteln ihnen das Bewusstsein und die Methoden, die sie brauchen, um Programme zu entwickeln, die besser das Positive in der Welt reflektieren, das wir ja alle sehen wollen.

Das *Center for Communication Awareness* wendet sich auch an bereits berufstätige Journalisten in allen Medien mit dem Konzept, dass die Massenmedien die Macht haben, die Zukunft nachhaltig zu beeinflussen. Wir fragten etwa sowohl die Studenten als auch die Professionellen in den Medien, wie sie sich ihre kollektive Zukunft vorstellten und wie sie dazu beitragen konnten, diese zu verwirklichen. Die Studenten beschlossen, Experten auf dem Gebiet zu bitten, sich als Mentoren oder Sachverständige für ihre Projekte zur Verfügung zu stellen. So engagierten sich alle bei der Herausforderung, interessantere und eher aufrüttelnde Berichte und Programme zu verfassen.

Jedes Jahr beteiligen sich die Studenten an einem Projekt, das einem bestimmten Thema gewidmet ist. Eine Studentengruppe entschied sich, die Öffentlichkeit über das Internet aufzufordern, Videoclips einzusenden. In einem Jahr ging es um Nachhaltigkeit, und sie nannten das Project »Öko-Clips«. Dafür wurde eine Reihe von Videos erstellt, die bestimmte Methoden der Nachhaltigkeit für die Umwelt demonstrierten. Die Beteiligung der Studenten und der Öffentlichkeit war hoch, und Tausende von Menschen engagierten sich, indem sie Ideen und Kurzvideos einsandten.

In diesem Jahr wurden viele inspirierende Projekte vom Center mit dem Thema »Einheit« angeregt, in denen auf kreative Weise demonstriert wurde, wie wir alle auf diesem Planeten miteinander verbunden sind. Die Präsentationen waren sehr erfreulich, besonders eine, mit dem Titel »Gigglers.tv.«

Die Studenten, die die Idee zu *Gigglers.tv* hatten, richteten dazu einen online-Videokanal ein, wo Hunderte von Videoclips von Leuten aus aller Welt gezeigt werden, die einfach nur lachen. Anfangs suchten die Studenten im Netz nach den lustigsten Videoclips und schnitten dann die ansteckendsten Lachszenen zu Zehnsekundenclips zusammen. Eine Plattform fordert Zuschauer auf, ihre eigenen Videos von lachenden Menschen hochzuladen und bestimmte Lachszenen mit ihren Freunden zu teilen.

Die Absicht von *Gigglers.tv.* war, zu demonstrieren, dass Lachen eine Universalsprache ist, die sämtliche Grenzen überschreitet, und, um die bekannte Tatsache aufs Neue zu bestätigen, dass Lachen sich therapeutisch positiv auf Körper und Seele auswirkt. Das Motto der Gruppe war, Lachen zu verbreiten und die Welt zu einem fröhlicheren Ort zu machen.

Eine weitere fabelhafte Produktion der Studenten im *Center* drehte sich um eine Toilette. In dem kreativen und dramatisch gedrehten Video wurde gezeigt, dass es zwar nur eine einzige Person ist, die an diesem schlichten, privaten und täglichen Akt beteiligt ist, dazu aber in Wirklichkeit eine ganze Reihe von Menschen nötig ist, die dazu erforderlichen Elemente zu erzeugen, etwa, um ein Badezimmer zu bauen, die Rohre zu verlegen und das Leitungswassersystem zu betreiben. In dem Video wurde gezeigt, dass dieser oberflächlich gesehen indviduelle Akt in Wirklichkeit überall in der Welt Menschen bedeutet, die die Mauern bauen, die Kacheln produzieren und verlegen, das Klo selbst fertigen, wie auch das Klopapier, wie viele Menschen daran beteiligt sind, die Rohre und Leitungen herzustellen und zu verlegen und wiederum andere, die für die Kanalisation und die Kläranlagen verantwortlich sind.

Niemand denkt nomalerweise an diese Vernetzungen, die mit dem einzigen Akt, die Toilette zu benutzen, verbunden sind, daher fand ich die Untersuchung dieser Studenten einfach faszinierend. In dem kurzen Clip wurde deutlich gezeigt, wie wir alle schon durch einen einzigen kleinen Akt miteinander verbunden sind.

Eine ausgewogene Perspektive

Letztendliches Ziel unseres *Centers* ist es, innerhalb der Medien eine Veränderung mit Blick auf eine ausgewogenere Weltsicht zu erreichen. Wir möchten, dass man sämtliche Nachrichten in positivem Licht darstellt – was vielleicht ein wenig verrückt klingt. Ich rede hier nicht nur von »herzerwärmenden Geschichten«, wie man sie immer am Schluss von Nachrichtensendungen zu sehen bekomt, damit man sagen kann, alles ende mit einem positiven Ausblick. Nein, ich spreche hier von allen Nachrichten und Tagesereignissen in der Welt, die den Menschen begreiflich machen, dass wir die Zukunft, die wir uns alle wünschen, kollektiv erschaffen können: Eine positive Aussicht für alle.

Es hat ein paar Jahre gedauert, aber heute sehen wir, dass die Studenten, mit denen wir im *Center* zusammen gearbeitet haben, weniger zynisch sind und sich mit dem neuen Reportagestil identifizieren, der eher inspirierend und erhebend ist – in einem gemeinschaftlicheren und positiveren Sinne.

Ich will hier nichts vereinfachen und verlange auch nicht, dass wir einen Krieg aus einer positven Perspektive beschreiben sollten. Wir wissen alle, dass das nicht funktioniert. Aber wenn wir die Realität eines Krieges beschreiben, welche Wirkung ein Krieg auf ein Land und seine Menschen hat, regt dieses Wissen an, darüber nachzudenken und sich zu fragen: Ist es das, was ich in meiner Welt sehen will? All diese Zerstörung und Gewalt? Wenn wir das nicht wollen, dann müssen wir tief in uns selbst nachforschen, unsere inneren Konflikte verstehen und sehen, wie dies in der Welt refllektiert wird, damit wir individuell und gemeinsam eine bessere Realität schaffen.

Manchmal geht es nicht einmal um den Konflikt selbst, sondern um die Angst, wenn wir von einem bevorstehenden Konflikt hören – etwa, wenn einem immer wieder verkündet wird, dass die Spannung in diesem oder jenen Gebiet täglich zunimmt, dass die Bedrohung duch Terrorismus ansteigt und Gewalttaten viel häufiger vorkommen als im Jahr zuvor. Als Bevölkerung insgesamt machen wir uns immer mehr Sorgen, werden besessen von diesen Geschichten und verzehren uns mit Gedanken an die unmittelbar bevorstehende Krise, denn etwas anderes sehen wir ja nicht in den Nachrichten. Ich will damit nicht sagen, dass wir Kriege und Gewalt ignorieren sollten, sondern eher, dass wir diese Situationen durch eine positivere Diskussion zu einem besseres Ausgang führen können.

Letztendlich helfen wir durch unsere Anstrengungen im *Center* mehr Leuten in den Medien, zu erkennen, dass sie hier eine Wahl haben. Wir bitten sie einfach, zu überlegen, weniger *gegen* etwas zu schreiben, sondern die Macht zu erkennen, wenn man etwas »für« eine Sache unternimmt, für Dinge, die wirklich wichtig sind. Wir wollen ihnen begreiflich machen, dass wir gemeinsam die Macht haben, das zu erschaffen, was wir tatsächlich in der Welt sehen wollen.

Seien Sie auf Ihre Weise inspirierend

Mir werden immer wieder Geschichten zugetragen, die Auftrieb geben. Als wir öffentlich darum baten, uns persönliche Beispiele für gute Taten für die Allgemeinheit mitzuteilen, hörten wir die folgende Geschichte über den Geschäftsmann Ron. Er nutzte die Macht der guten Tat, um eine Veränderung zu bewirken, die er sich persönlich wünschte. Ron fährt einen Bus, und wenn er auf den Parkplatz der einzigen Schule seiner Heimatstadt einbiegt, begrüßen ihn die Kinder mit Freudenschreien, fast so, wie einen Eiskremwagen. Aber Rons Bus hat weder Sitze, noch verkauft er Süßigkeiten – stattdessen beherbergt der Bus ein hochmodernes, blitzendes Labor.

»Das war meine Schule«, erklärt Ron mit einer Handbewegung. »Wir hatten keine Computer und auch keinen

Unterricht in Naturwissenschaften, denn es war nie genug Geld da, ein Labor einzurichten oder Computer zu kaufen.«

Ron begann sich schon sehr früh für Computer zu interessieren. Da seine Schule nicht die Mittel für eine IT-Einrichtung hatte, fuhr er dreimal in der Woche mit dem Bus in die nächstgrößere Stadt, wobei er zweimal umsteigen musste, um in einem von der Universität geförderten Kursus Computerwissenschaften und Mathematik zu studieren.

»Meine Mutter hat mich allein großgezogen und immer viel gearbeitet, aber Bildung stand bei uns zu Hause stets an erster Stelle. An Geburtstagen oder Festtagen bekam ich nie ein Fahrrad ode neue Kleider, ich bekam Bücher«, erinnert sich Ron.

Ron stellte sich als hochbegabt heraus. Mit Anfang dreißig war er bereits ein sehr erfolgreicher und begeisterter Unternehmer. »Zu meinem großen Glück hatte ich nun genug Zeit und Geld, um der Gemeinschaft, in der ich groß wurde, etwas zurück zu geben. Ich kaufte also diesen alten Bus und verwandelte ihn in ein mobiles Labor. Einmal im Monat nehme ich mir frei und lade ein paar Lehrer ein, die ebenfalls ihre Zeit und ihr Wissen zur Verfügung stellen. Dann fahren wir hierher und verbringen drei Tage mit den Kindern. Es macht solchen Spaß, zu sehen, wie sich ihnen die wunderbaren Möglichkeiten auftun, die die Naturwissenschaften bieten«, fährt er mit strahlendem Lächeln fort. »Ich sage immer wieder, wenn sie das weiter verfolgen und sich wirklich engagieren, dann gebe ich ihnen gerne eines Tages einen Job in meiner Firma.«

Abends, wenn er den Bus nach einem weiteren betriebsamen Tag aufgeräumt hat, besucht er seine Mutter, die immer noch in dem gleichen Haus lebt, in dem er aufgewachsen ist. »Sie ist einer der größten Fans von meinem Programm, denn es gibt ihr die Gelegenheit, mich jeden Monat lang drei Tage hintereinander zu verwöhnen«, sagt er lächelnd. Dann fügt er stolz hinzu: »Ich habe ihr das Labor gewidmet. Auf dem Bus steht: *Sarah Cohen Mobil-Labor.* Ich wäre heute nie da, wo ich bin, wenn sie mich nicht ständig unterstützt hätte.«

Ron wuchs in bescheidenen Verhältnissen auf, nutzte aber jede Gelegenheit. Er ging nicht auf die Straße, um gegen die fehlenden Mittel für Naturwissenschaften in Schulen zu protestieren und beklagte sich auch nicht bei der Regierung, »etwas« gegen diese Mängel zu unternehmen. Statt dessen fragte sich Ron, *»Was kann ich persönlich tun, um die Schule in einer kleinen Stadt zu verbessern? Wie kann ich Schüler für die Naturwissenschaften so egeistern, dass sie das als Berufsziel wählen?* Er stellte die Resourcen zur Verfügung, zusammen mit seiner eigenen Zeit, um Kinder zu begeistern und zu inspirieren, die andernfalls nie die Chance gehabt hätten, ein Labor von innen zu sehen.

Positive Geschichten wie diese kommen immer wieder und überall vor, wenn Individuen tun, was sie können, um die Welt zu einem besseren Ort zu machen. Aber in den Medien sehen wir nur selten das volle Bild unserer unglaublichen Welt. Wenn Ihre Gemeinschaft oder Ihr Land das nächste Mal vor einer sehr ernsten Situation stehen, versuchen Sie, Ihre eigene Denkweise zu verändern: von Angst und Protest zu einer kreativen Lösung hin, die vielleicht den normalen Rahmen sprengt.

Wenn man Gutes denkt, Gutes ausspricht und Gutes tut, dann strahlt diese Gutheit genau so ab wie die von Ron und bewirkt eine Veränderung, die vielleicht noch viel beeindruckender ist, als Sie sich vorstellen können. Es ist nur ein kleiner Akt nötig, um die Welt nachhaltig zu verändern.

KAPITEL SIEBEN

Gutes für die Menschheit tun

Manchmal bekommt man das Gefühl, als lägen wir alle miteinander im Krieg. Aber wissen Sie was? Wenn die Erde plötzlich von einem fernen anderen Planeten angegriffen würde, dann würden wir ganz bestimmt sehr rasch herausfinden, dass wir als Menschheit eine Einheit sind. Geografische Grenzen, Machtkämpfe zwischen den einzelnen Nationen und Spannungen zwischen verschiedenen ethnischen Gruppen ... all das würde angesichts eines gemeinsamen Feindes in den Hintergrund treten, und wir würden uns geschlossen dieser Gefahr stellen.

Ich hoffe aufrichtig, dass wir keine solche Katastrophe brauchen, um jedem begreiflich zu machen, dass wir diese Welt gemeinsam bewohnen. Ich bin schon seit langem überzeugt, dass wir alle miteinander verbunden sind – mit jeder lebendigen Seele auf dieser Erde besteht zu diesem Zeitpunkt eine Verbindung zu allen anderen. Wir sind eine Einheit. Mit dieser Überzeugung stehe ich nicht allein; viele Philosophen, Menschenfreunde und Leitfiguren in allen Zeitaltern sind oder waren ebenso davon überzeugt.

Ich hoffe, dass meine Worte Ihnen helfen, dieses Gefühl ebenso zu empfinden – diese Verbindung mit allen anderen Menschen. Ich beschreibe in diesem Buch, auf wie viele Weisen wir alle miteinander verbunden sind und wie Gutes im Einzelnen seinen Ausgang nimmt und auf alle anderen abstrahlt. Aber es herrscht auch Dunkelheit in der Welt. Manchmal kann man das nur schwer akzeptieren, und man weiß einfach nicht, wie man damit umgehen soll. Ich sehe das so:

Ich glaube, dass die Gesamtenergie in der Welt vor einem Umschwung steht, und mir ist klar, dass sie zu beiden Seiten ausschlagen kann. Es gibt positive und negative Energie, und die meisten Menschen halten es für eine gegebene Tatsache, dass es stets diesen Kampf zwischen Gut und Böse geben wird und nie die eine Seite die andere völlig überlagert. Ich glaube aber, dass wir diesen Umschlagpunkt in die Richtung kippen können, die wir uns wünschen. Wir können die Energie eindeutig mehr zum Guten verschieben, wenn wir uns bemühen, eine kritische Masse von Menschen zu aktivieren, die sich entscheiden, Gutes zu tun und Gutes zu denken. Wenn das geschieht, leben wir sehr bald in einer anderen Welt.

Die Herausforderung besteht darin, dass wir uns Mühe geben müssen, gute Gedanken und gute Taten zu unserer obersten Priorität zu machen. Denn Gutsein ist von Natur aus eher subtil, sanft und still, verglichen mit dem Bösen, das sich eher äußerlich darstellt und viel mehr Drama und Macht ausstrahlt.

Die Botschaft verbreiten

Damit unsere Zukunft für uns selbst gesichert ist und damit auch für den Rest der Menschheit, brauchen wir eine kritische Masse von Menschen, die ständig Gutes tun. Schon nach dem ersten »Tag der Guten Tat« erkannte ich, dass wir uns die richtige Richtung bewegten. Ich erkannte, wie erfolgreich die Bewegung sein würde, wenn Jahr um Jahr immer mehr Menschen sich entschlössen, mehr Gutes zu tun.

Um diese positiven Kräfte mit Hilfe des Internets zu unterstützen, beschloss die *Arison*-Gruppe, eine Website einzurichten, das Goodnet.org oder kurz *Goodnet. Goodnet* wurde als Portal eingerichtet, um Gutes zu tun – das erste und bisher einzige Forum dieser Art. *Goodnet* inspiriert und ermächtigt seine Besucher, ganz für sich und unabhängig etwas Positives zu tun – zu jeder Zeit und überall in der Welt, auf jedem Gebiet und je nach ureigenem Interesse. Die Website verbindet alle Menschen und Organisationen, die Gutes tun, damit wir die nötige kritische Masse für den Umschwung so bald wie möglich erreichen.

Bei der Planung und Entwicklung von *Goodnet* erkannte unser Team zwei Hauptfaktoren: Der erste war, dass es weltweit sehr viele Menschen gibt, die den Wunsch haben, etwas Gutes zu tun. Zweitens, dass es eine Riesenanzahl von Organisationen und Initiativen gibt, die jahrein, jahraus Gutes tun, und dass diese mehr Mitglieder und Teilnehmer brauchen. Es schien großes Interesse daran zu bestehen, Ideen, wie man Gutes tun kann, mitzuteilen, zu diskutieren und auszutauschen. Daher stellten wir eine Plattform für diese Kommunikation zur Verfügung.

Die Website betont in erster Linie Zusammenarbeit anstatt Wettbewerb – daher ist in dem »Wohltätigkeits-Verzeichnis« Platz für alle möglichen Organisationen, soziale Unternehmen wie auch Apps in den verschiedensten Kategorien: Freiwilligenarbeit, Spendenaktionen, Ernährung, Menschenrechte und vieles mehr. Hier ist Platz für alle, die miteinander arbeiten wollen.

Unser »Wohltätigkeits-Verzeichnis« umfasst inzwischen über 500 Organisatioen, und begeisterte Stimmen fordern lauthals, dass man gemeinsam mehr Gutes tut und weitere Freiwillige anzieht. Grundsätzlich gilt, dass Gutes tun einfach ist und dass es große Wirkung hat, wenn man dies gemeinsam tut.

In kürzester Zeit schlossen sich hier Individuen und Organisationen zusammen, um ihr Potenzial, Gutes zu tun, zu aktivieren: Und nun sind Sie an der Reihe! Ehe Sie umblättern, sollten Sie sich bei www.goodnet.org einloggen und Ihre inneres Potenzial, Gutes zu tun, aktivieren. Das geht leicht, schnell und ist sehr wirksam – mit einem einzigen Mausklick setzen Sie Ihre Stimme und Ihre Bemühungen ein, um Gutes in der Welt zu bewirken. Sie sind ja bereits von Geburt an mit der Menschheit insgesamt verbunden. Sie tun ja bereits sehr viel Gutes!

Indem Sie sich *Goodnet* anschließen, beweisen Sie, dass Sie mit einer Welt verbunden und ihr verpflichtet sind, die vom universalen Guten erfüllt ist. Sie finden bei *Goodnet* anregende Geschichten und Videoclips über alle möglichen guten Taten. Die kritische Masse wächst von Minute zu Minute – vielleicht ist Ihr eigener Beitrag der Katalysator und treibt die Bewegung zu dem gewünschten Umschwung! Wer weiß?

Die Inhalte der *Goodnet*-Website werden täglich aktualisiert. Sie finden hochaktuelle Geschichten über Organisationen, Produkte, Websites und Apps, in denen es insgesamt um Gutes geht, und zwar innerhalb von drei konzentrischen Kreisen: *Individuum, Menschheit und Planet.* Wenn Sie also eine Organisation suchen, die ihren eigenen Werten und Überzeugungen entspricht, wenden Sie sich an das »Wohltätigkeits-Verzeichnis«. Wenn Sie nach einer positiven und machbaren guten Tat suchen, schauen sie in dem zweiwöchentlichen Info-Teil nach, mit dem Titel *Aktivieren Sie Ihre gute Seite.*

Darüber hinaus bieten wir das »Goodness-TV« an, wo eine Reihe von inspirierenden und anregenden Videos ausgestrahlt werden. Diese Clips werden aus dem Internet insgesamt zusammengetragen, oft auf Vorschlag unserer Mitglieder, Individuen wie Organisationen.

Goodnet ermöglicht auch Diskussionen über das Gutsein, eine Plattform für unsere Besucher, sich über gute Taten zu unterhalten und einander auszutauschen, sowohl auf der Website selbst als auch in Verbindung mit den sozialen Medien.

Unsere gemeinsame Zukunft

Ich in überzeugt, dass wir als Gruppe gemeinsam daran arbeiten können, die Probleme zu lösen, die sich uns als Menschheit stellen. Wenn jeder persönliche Verantwortung übernimmt, können wir gemeinsam die Zukunft erschaffen, die wir uns alle wünschen. Websites wie *Goodnet* und Bücher wie dieses hier sollen uns zeigen, wie viele Gemeinsamkeiten wir alle auf dieser Welt haben.

Im größeren Rahmen gesehen wollen wir alle ja glücklich sein und in Frieden leben, wir alle wollen Erfüllung in unserem täglichen Leben finden. Wir alle wünschen uns Gesundheit, wir wollen Wohlstand und eine sichere Umwelt für unsere Kinder und uns selbst. Tief drinnen will jeder das gleiche. Es handelt sich um universale menschliche Wünsche, egal wo und wie wir auf diesem Planeten leben.

Unser Bedürfnis, Erfüllung und Verbundenheit zu empfinden, ist sehr stark. Ich habe viele Geschichten von Menschen gehört und erlebt, die sich durch gute Taten mit anderen verbanden und daraus ein tiefes Gefühl von Erfüllung und Zugehörigkeit erlebten. Einer dieser Menschen ist Elinor, die mir persönlich von ihren guten Werken erzählte. Ihre Geschichte war eine von vielen unglaublichen Ereignissen, über die wir bei *Arison* am »Tag der guten Tat« erfuhren.

Elinor ließ ihr angenehmes Leben hinter sich und schloss sich anderen an, indem sie eine universale Gabe mit ihnen teilte: Ihr musikalisches Talent. Sie spürte dadurch, wie diese Gabe von ihr selbst zu anderen hinströmte, was ihr ein ganz neues Gefühl von Verbundenheit mit den Menschen ihrer Umgebung schenkte. Sie spürte darüber hinaus, wie diese Welle der Gutherzigkeit in Form von mehr Selbstbewusstsein, Selbstsicherheit und Glück zu ihr zurückkehrte.

Sie beschrieb anfangs, wie es ist, wenn man sehr schüchtern ist. »Ich hatte immer schreckliche Angst, aufzutreten«, erzählte Elinor mit ernster Stimme. »Selbst bei meiner eigenen Hochzeit war ich völlig nervös. Ich konnte kaum den Saal betreten und mich vor all die Gäste stellen, die ja nur gekommen waren, um diesen glücklichen Tag mit mir zu verbringen – das waren immerhin meine engsten Freunde und Verwandten! Ich habe immer gerne gesungen, aber da man ja die Bühne nicht maskiert betreten kann, wusste ich, dass auch das für mich unmöglich sein würde.« Doch die Chance, sich von dieser Angst zu befreien, ergab sich zufällig bei einem Kostümfest. »Es gab da eine Karaokemaschine, aber ich blieb in der Ecke stehen, so schüchtern, dass ich vor Angst fast umkam. Und trotzdem hatte ich das starke Bedürfnis, zu singen. Da ging mir auf, dass mich ja niemand erkennen würde, denn ich trug ja tatsächlich eine Maske!« Elinor, von ihrer Kostümierung gut verborgen, stand auf und sang und wurde mit lautem Gejubel gefeiert. »Aber ich wusste, das war eine einmalige Sache – ich konnte ja schließlich nicht wie das Phantom in der Oper ständig mit einer Maske herumlaufen.«

Sie erzählte einer Freundin davon und wie liebend gerne sie wieder vor einem Publikum singen würde. Die Freundin antwortete: »Ich weiß, wo du das verwirklichen kannst.« Sie erzählte Elinor von einem Club für Blinde, und Elinor gefiel die Vorstellung, vor diesen Menschen zu singen. Sie wählte die Lieder sorgsam aus und übte mehrere Tage lang, und eine Woche später ging sie mit ihrer Freundin in diesem Club.

Elinor seufzt in Erinnerung an diesen Tag, wenn sie überlegt, wie weit sie es seit diesem bestimmten Tag gebracht hat. »Seitdem bin ich vor vielen Menschen aufgetreten, aber das war wohl die aufregendste Vorstellung meines Lebens. Ich spürte so viel Liebe, die mir vom Publikum entgegenströmte. Es war erstaunlich, und es befreite mich von meiner Schüchternheit und der Angst, die mich ja ständig begleitet hatten.«

Nach dieser ersten Vorstellung begann Elinor, regelmäßig in diesem Club und verschiedenen anderen aufzutreten. Indem sie etwas Gutes tat, strahlte sie nun ein Gefühl von Selbstvertrauen und Leichtigkeit aus. Oft sang sie im Seniorenclub ihrer Stadt, und ihr Leben war dadurch voller Glück und Freude. Ihre volle Stimme erfüllte jeden Saal, und wenn sie alte Liebeslieder singt, dann drückt sie sie mit so viel Gefühl aus, dass ihre Zuhörer oft Tränen in den Augen haben. »Vielleicht können mich manche Zuhörer nicht sehen, aber sie erkennen mich mit dem Herzen, und mehr brauche ich nicht.«

Ziel ist das gemeinsame Gute

Wir sind ständig mit allen anderen Menschen verbunden, aber manchmal muss man sich es bewusst machen, damit wir auch empfinden und erkennen, welche Kraft damit verbunden ist. Wenn wir unsere Energie einsetzen, unsere Welt durch Gutes zu verbessen, dann gewinnen wir sehr viel Gutes daraus zurück.

Wenn ich mir die Menschheit vorstelle, sehe ich sie manchmal wie einen menschlichen Körper. Unser Körper hat ja die verschiedensten Organe, Systeme und Gliedmaßen. Jedes einzelne ist individuell, spielt aber eine lebenswichtige Rolle für das menschliche Leben und die Gesundheit insgesamt. Genau so ist es mit unserer Welt und der Menschheit. Es gibt viele verschiedene Völker, die verschiedene Sprachen sprechen, unterschiedliche Kulturen entwickelt haben und in verschiedenen Ländern leben. Alle Bestandteile der Menschheit spielen eine unterschiedliche Rolle: als Einzelwesen, als Gemeinschaft und als Land. Aber letztendlich sind wir eine einzige Menschheit, genau wie wir nur einen einzigen Körper haben.

Doch was passiert, wenn ein Teil des Körpers einen anderen angreift? Das wäre vergleichbar mit Krebs oder einer anderen katastrophalen Krankheit. Und genau das ist es, was Gewalt innerhalb der Menschheit verursacht – einen Krebs. Gewalt oder Kämpfe jeglicher Art bewirken, dass die Menschheit insgesamt krank wird, und wenn wir das Problem mit der Gewalt nicht lösen, kann es sich zu einer lebensbedrohlichen Krankheit entwickeln.

Wenn wir uns auf das gemeinsame Gute konzentrieren statt auf Destruktivität oder Konfrontation, bringen wir der Menschheit heilende Energie. Immer wieder erkennen wir in unserem Leben Beweise für diese Tatsache. Wir sehen, wie das Thema in Büchern, in Filmen und im Internet dargestellt wird. Ich habe gerade bei *YouTube* einen Film gesehen mit dem Titel *Ich Bin.* In eindrucksvollen Bildern wurde gezeigt, dass wir alle miteinander verbunden sind und wie schon kleine Akte der Freundlichkeit etwas verändern können. Der Film beleuchtet, wie sich Güte in unserer Welt ausbreiten kann wie in einer Wellenbewegung.

Wo immer wir hinblicken, erkennen wir heute, dass sich die Menschen versammeln, um ihre Stimme zu erheben. Das ist eine gute Sache, aber man muss darauf achten, dass es nur im positiven Sinne etwas nützt, wenn man eine Botschaft verbreitet und Aktionen befürwortet, die eine positive Veränderung bewirken sollen. Ich mache mir zuweilen Sorgen, dass viele Menschen ihre Stimme in Protest, Wut und Gewalt erheben. Sie denken vielleicht, dass sie die Welt zum Besseren verändern, aber jeder Protest, auch wenn er einer guten Sache gilt, bedeutet immer noch einen Kampf.

Daher fordere ich Sie auf, sich zu erheben und sich für etwas einsetzen, das sie *befürworten,* und nicht für etwas, das Sie *ablehnen.* Welche positiven Lösungen können Sie vorschlagen, die die Welt so verändern, wie Sie es wollen? Denken Sie auch stets daran, dass wir als Menschen eine Einheit sind.

Ich weiß, dass dies eine große Veränderung bedeutet und auch ziemlich schwierig sein kann, aber es ist alle Mühe wert. Seit Jahren schon höre ich in meinen Firmen und bei Versammlungen immer wieder Erklärungen, warum etwas nicht geleistet oder geschafft wurde. Das stelle ich stets in Frage. Ich frage, wie es denn hätte erreicht werden können? Und schließlich passieren die Veränderungen aufgrund sehr kreativer Lösungen, und positive Ideen werden zur Normalität. An dem Punkt ereignen sich dann echte organisatorische Fortschritte.

Die Herausforderung für Sie bedeutet, dieses Konzept in Ihr eigenes Leben einzubringen. Jeder muss persönliche Verantwortung dafür übernehmen, um neue, positive Ideen und Lösungen für die Probleme zu entwickeln, vor denen wir heute stehen. Gemeinsame, positive Lösungen führen uns in eine gemeinsame, positive Zukunft. Das ist ein Geschenk – für uns selbst und für unsere Welt, solange wir das Gute wählen und uns dafür einsetzen. Unsere Gutheit strahlt ab in unsere Umwelt, auf die Menschheit und den Planeten insgesamt. Diese beiden Wellenbewegungen werden wir als nächstes erkunden.

KAPITEL ACHT

Gute Werke für den Planeten

Als ich vor mehr als zwölf Jahren innerhalb meiner Firmen zuerst über Nachhaltigkeit nachdachte, versuchte ich, eine neue Vision für *Shikun & Binui* zu entwickeln, unsere weltweite Firma für Baukonstruktion, Immobilien und Infrastruktur. Ich wollte »Wohnungen aus Licht« bauen, das heisst, Wohnungen mit großen Fenstern, die viel natürliches Licht einließen, damit die dort lebenden Menschen sich wohl fühlten. Diese Wohnblocks sollten von viel Grün umgeben sein und mit Blick auf die Umwelt und im Einklang mit der Natur gebaut werden.

Diese Vision war damals weit ihrer Zeit voraus. Die Firmenleitung begriff nicht, auf was ich hinaus wollte und vertrat entschieden die Meinung, dass dies niemals funktionieren würde. Aber ich stand entschlossen zu meiner

Absicht, und allmählich ließen sich ein paar Manager für dieses Konzept gewinnen und erklärten sich bereit, über mögliche Lösungen nachzudenken.

Dann wurden diejenigen, die sich dafür einsetzten, unvermittelt durch Al Gores Film *Eine unbequeme Wahrheit* bestärkt. Die eindeutig umweltbetonte Botschaft half auch anderen in der Firma, zu akzeptieren, dass an meiner Vision etwas dran war. Plötzlich wurden die Menschen wach und begriffen, dass der Zeitpunkt zum Handeln gekommen war. Es war ein großartiger Tag, als die Firmenleitung und der Aufsichtsrat beschlossen, neue Ziele zu setzen und sich zum Branchenführer in dem sich entwickelnden Gebiet der nachhaltigen Entwicklung im Bauwesen und Infrastrukturen zu erklären.

Natürlich handelte es sich nicht um eine Vision, die sich über Nacht verwirklichen ließ, und es wird immer Kritiker geben, die nur herauspicken, was vielleicht nicht stimmig ist. Solche Prozesse dauern einfach eine Weile, aber das Wichtige ist, dass wir den ersten erfolgreichen Schritt auf diesem wichtigen Weg getan haben und dass wir darin bestätigt wurden. *Shikun & Binui* bauen viel mehr als bloß Wohnungen – schon seit Jahrzenten konstruiert die Firma Straßen, Autobahnen, Brücken und ganze Stadtviertel. Sie sind heute Marktführer bei allen möglichen Infrastruktur-Projekten mit 100% nachhaltiger Praxis. Diese Methoden schützen nicht nur die Umwelt vor Schäden, sie zielen auch darauf ab, in kreativer und innovativer Weise etwas Gutes für den Planeten und die Menschheit zu tun.

Im Laufe der Jahre ist *Arison Investmets* zu einer Gesellschaft angewachsen, die in sämtlichen Gebieten des Lebens investiert und Einfluss hat: Finanzwesen, Immobilien, Infrastruktur, Wasser und Energie, und wir entwickeln Management-Strategien, die sämtliche Aspekte umfassend und langfristig berücksichtigen: Wirtschaftliche, soziale und umweltmäßige. Unsere werteorientierten Firmen verfolgen dabei entschlossen eine langfristige Vision. Wir entwickeln Lösungen für universale menschliche Bedürfnisse und gewinnen daraus Wirtschaftspotenzial wie auch zusätzliche Werte für die Menschheit.

Persönliche Entscheidungen für den Planeten

Sehr oft muss etwas Dramatisches passieren, damit wir als Menschen aktiv werden. Das gilt insbesondere für das Umweltbewusstsein. Ich selbst habe verschiedene dramatische Ereignisse erlebt, die mir die Augen für die Realität unserer globalen Verbundenheit öffneten. Sie sind der Grund, warum ich mich so leidenschaftlich für Nachhaltigkeit bei all unseren Aktionen einsetze – zu Hause wie bei der Arbeit.

Ich glaube, dass jeder auf der Welt es verdient, saubere

Luft zu atmen, aber diese Überzeugung bestärkte sich in meinem Herzen und meinem Verstand, als ich verschiedene Länder im Fernen Osten besuchte. Mir war bereits klar, dass wir uns um die Luft auf unserem Planeten sorgen mussten, aber als ich Menschen sah, die wegen der Luftverschmutzung mit Masken herumlaufen mussten, begriff ich erst richtig, was es bedeutet, an einem Ort zu leben, wo das Atmen fast unmöglich geworden ist.

Das war vor mehreren Jahren, als das Umweltbewusstsein noch nicht so entwickelt war wie heute. Ich glaube, damals nahm man weltweit alles einfach als gegeben hin – das gilt jedenfalls für mich. Wir glaubten, es würde immer saubere Luft für uns geben sowie sauberes Wasser und gesunde Nahrung im Überfluss.

Lange Zeit meinte ich, mich für saubere Luft einsetzen zu müssen, aber dann wurde mir klar, dass ich mich nicht um alles kümmern konnte. Aufgrund meiner Intuition, wie ein Aufruf tief aus meiner Seele, entschied ich mich, mich um die Wasserversorgung zu kümmern, in der Überzeugung, das Wasser Leben bedeutet. Ich erkannte auch deutlich, dass sich die Welt zu stark auf Knappheit konzentriert, während es viel besser wäre, sich eine Zukunft im Überfluss vorzustellen. Daher gründete ich eine Firma für Wasser-Effizienz mit dem Namen *Miya*. *Miya* hat den Auftrag, das Wasser, das wir haben, nachhaltig zu verwenden. *Miya* entwickelt praktische Technologien für Länder und Kommunen überall in der Welt, mit denen Wassersysteme effizient bewirtschaftet werden können, damit unser kostbarer Wasservorrat nicht sinnlos vergeudet wird.

Ein Besuch in Afrika beeindruckte mich zutiefst und führte auch dazu, dass ich von da an vegetarisch lebte. Erst dort begriff ich die Natur und wie man sie respektieren sollte. Ich erkannte, dass jedes Wesen eine Kreatur Gottes ist. Die kräftigen Farben in Afrika, die Sonnenaufgänge, der weite Himmel, die Freiheit, die Tierwelt – alles in Afrika berührte meine Seele zutiefst.

Das einschneidendste Ereignis geschah an einem Tag, als ich auf einer Ranch in Kenia Giraffen gefüttert hatte. Am Abend des gleichen Tages wurde uns in einem Restaurant Giraffenfleisch serviert. Von dem Augenblick an habe ich nie wieder Fleisch gegessen.

Ein paar Jahre später erfuhr ich von der *Jain*-Sekte in Indien. Bei einer ihrer Zeremonien erlebte ich, wie jemand vor der Prozession hergeht und den Boden fegt. Dies geschieht, um mögliche Lebewesen zu beschützen und dass man nicht einmal eine Ameise unabsichtlich durch einen Schritt tötet. Das berührte mich zutiefst – es war eine weitere machtvolle Erinnerung daran, dass wir alle Gottes Kreaturen sind, ob klein oder groß.

Diese Erlebnisse prägten meine Einstellung zur Natur. Meine sich nun herausbildenden Überzeugungen wurden bestätigt, als ich das Buch *Traumfänger* von Marlo Morgan las. Es geht um die Erlebnisse einer amerikanischen Frau bei einem Stamm von australischen Ureinwohnern.

Das sind meine Gründe, nie wieder etwas zu tun, das einem Tier schaden könnte. Ich begreife nicht, wie Leute auf Sofas sitzen oder Handtaschen kaufen, die aus Leder sind. Es fällt ihnen nicht einmal auf, dass die Tiere dazu haben sterben müssen. Ich will hier nicht verkünden, dass nun jeder Opfer bringen und alles aufgeben sollte. Das wäre nicht realistisch. Ich bin nicht perfekt. Noch sind es andere Menschen, aber wir können alle auf eine Weise unseren Anteil leisten, je nachdem, was für uns richtig ist.

Heilende Berührung

Wir brauchen in unserer Welt nicht weit zu blicken, um zu erkennen, wie eng wir mit der Natur und der Tierwelt verbunden sind. Eine eindrucksvolle Erinnerung an den »Tag der Guten Tat« bestätigt dies: Es war in einem Kindergarten für behinderte Kinder. Wir hatten uns dort getroffen, um die kleinen Kinder zum Lächeln zu bringen, die ziemlich schwer behindert waren. Geholfen wurde uns dabei mit Kleintieren aus einem Streichelzoo.

Die kleinen Hände streichelten liebevoll Kaninchen. Hamster wurden sanft gehalten und gekitzelt, Schildkröten krochen umher. Ich war sehr gerührt, als ich aufgefordert wurde, mit diesen Kindern zu spielen und ihnen zu helfen, richtig mit den Kleintieren umzugehen. Das war auf unserer Tour zum »Tag der Guten Tat«, und ich wollte gerade mit meiner Gruppe und den Medien zum nächsten Anlass weiterziehen, als die Kindergärtnerin aufgeregt auf mich zu kam. Sie erzählte mir, dass ein bestimmtes Kind, das schwer unter einer Art Überempfindichkeit litt, tapfer die Behinderung überwunden und die Tiere sanft gestreichelt hatte, die man zu ihm gebracht hatte. Sie sagte, sein Lächeln würde sie niemals vergessen.

Ich selbst bin mir voll der Wahrheit bewusst, dass wir alle miteinander verbunden sind, dass wir eins sind. Diese Überzeugung betrifft uns als Menschheit insgesamt, aber als Menschen sind wir auch aufs Engste mit allen anderen Elementen dieser Welt verbunden: mit der Erde, den Tieren, der Natur, der Luft und mit dem Wasser.

Wenn wir diese Weltsicht von unserer Verbundenheit mit allem akzeptieren, können wir besser begreifen, wie die alte Welt funktionierte und dass sie kurz vor dem Zusammenbruch steht. Wir sind ja alle davon betroffen, was in unserer Welt vor sich geht – von Gutem wie Schlechtem. Ich glaube zum Beispiel, dass die Zunahme von Naturkatastrophen, wie wir sie seit kurzem erleben – eine Zunahme an Anzahl und Intensität von Zerstörung durch Erdbeben, Tsunamis, Waldbrände, Trockenheit und Überflutungen – Zeichen dafür sind, wie die verwundete Erde versucht, sich selbst wieder zu regenerieren. Unser Planet muss sich von jahrelanger negativer Energie reinigen, genau so, wie wir selbst uns durch Introspektion und gute Taten klären.

Der Gedanke ist interessant, dass solange es bei den dramatischen Veränderungen in unserer Welt nur um die Natur geht, die Menschen immer noch bewusst die Wahrheit oder die Notwendigkeit für Veränderungen abstreiten können. Aber heute sehen wir, dass die globale Finanzkrise viele Menschen endlich zu der Überzeugung gebracht hat, dass die alte Welt einfach nicht mehr funktioniert. Die Weltwirtschaft und die Regierungsstrukturen, die auf dem alten Modell der Knappheit und der Machtkämpfe aufbauen, brechen langsam zusammen und schaffen Raum für eine neue Weltordnung.

Ich glaube, das ist der Grund, warum so viele Menschen so grundsätzlich betroffen sind, weil sie heute viel mehr über die Finanzkrisen und Gewalt in unserer Welt erfahren. Wir sind ja alle miteinander verbunden. Man empfindet diese Dinge vielleicht auf der emotionalen Ebene, manchmal auch physisch, auch wenn man nicht direkt durch die Krisen und Kriege in anderen Ländern betroffen ist.

Eine tiefere Verbindung suchen

Ich glaube, der Grund, warum wir dies alles heutzutage so scharf empfinden, ist unsere Vernetzung durch das Internet. Es ist nicht mehr möglich, den Zusammenbruch und die inneren Kriege zu verheimlichen, die entweder individuell unter der Oberfläche toben oder offen in der Gemeinschaft. Die Welt ist durchsichtiger geworden, und wir können sehen und spüren, wie fragil und chaotisch alles rings umher geworden ist.

Das führt uns wieder zum Anfang zurück. Wenn wir in uns selbst Chaos empfinden, sehen wir dieses Chaos auch in unserer Welt gespiegelt. Wenn wir die inneren Tumulte lösen und uns davon befreien, (was uns durch gute Taten gelingt, wie wir jetzt wissen) wird unsere Welt am Ende besser werden.

Wir können jetzt erkennen, dass es bei dem Druck zu mehr Nachhaltigkeit in der Umwelt um viel mehr geht als nur, »grün« zu werden. Unsere Spiritualität nimmt zu, wir akzeptieren, dass die Erde selbst eine lebendige, atmende Einheit ist – Blumen, Tiere, unsere Beziehungen … alles hat Energie. Aufgrund unserer gegenseitigen Verbundenheit nehmen wir selbst Schaden, wenn ein Teil der Natur beschädigt wird, und ich glaube, es ist für uns alle nun Zeit, eingehender darüber nachzudenken. Wenn man etwas Lebendiges schädigt, dann schadet man im Grunde sich selbst, denn wir sind ja alle miteinander verbunden.

Mir ist klar, wie komplex diese Konzepte sind und dass noch viel mehr getan werden muss. Vielleicht klingt das alles ziemlich überwältigend, und Sie wissen vielleicht nicht, wie Sie den ersten Schritt tun können. Mein Ratschlag lautet daher: Fangen Sie einfach irgendwo an. Setzen Sie sich so mutig wie Sie können beim Naturschutz, in der Umwelt, für unseren Planeten ein. Als Einzelperson kann man damit beginnen, seinen eigenen Hof oder Garten aufzuräumen, vielleicht sammelt man auch im Viertel Straßenmüll auf. Man kann sich weiter über Nachhaltigkeit informieren und etwas tun, wie gering es auch erscheinen mag. Jede noch so kleine Tat zählt, denn wenn man alles zusammen betrachtet, wird es zur größeren Aktion.

Wenn Sie Lehrer an einer Schule oder Hochschule sind, können Sie die Studenten auffordern, bei ihrer Arbeit auch nachhaltige Projekte und Aktionen zu berücksichtigen, egal, wie jung die Schüler auch sein mögen. Wenn Sie eine Firma leiten, inspirieren Sie Ihre Angestellten, dass sie über nachhaltige Initiativen am Arbeitsplatz nachdenken. Sie selbst stellen dann die Resourcen zur Verfügung, um die guten Ideen in die Tat umzusetzen. Als Angestellter in einer großen Firma kann man seine Kollegen und die Leitung dafür interessieren, positive Schritte zu unternehmen.

Als Wissenschaftler oder Forscher stehen Sie vielleicht kurz davor, neue Umweltbedingungen zu entdecken, von denen man später hören wird und die wir umsetzen können. In einer Führungsposition, als Schauspieler oder als guter Redner kann man andere mit seinen Taten und Worten inspirieren. Als Journalist kann man über gute Nachrichten und positive Aktionen berichten, damit andere von diesen Beispielen lernen können. Jeder kann überall seine eigene Rolle dabei spielen.

Wenn man Gutes für die Umwelt und den Planeten tut, so gut man dies vermag - sei es durch eine komplexe Herausforderung oder eine schlichte täglichen Handlung - trägt man zum kollektiven Willen bei. Ich bin überzeugt, dass wir den Umschwung erreichen, sobald genügend Menschen aktiv werden. Wenn unsere gemeinsamen Aktionen das Zünglein an der Waage in Richtung Umweltschutz und Nachhaltigkeit ausschlagen lassen, werden diese Aktionen und Werte zur Lebensweise und verwandeln uns selbst und unsere Welt.

Gemeinsam haben wir die Kraft, die beste und reinste Essenz in uns selbst und unserer Welt zu finden, die wir je erlebt haben. Denken Sie Gutes, sprechen Sie Gutes und tun Sie Gutes: Der Zeitpunkt zum Handeln ist da!

KAPITEL NEUN

Gutes Tun verändert Ihr Leben

Was kann ich sonst noch sagen, um Sie anzuregen, endlich etwas Gutes zu tun? Habe ich alle möglichen Argumente vorgebracht? Nein, bei weitem nicht! Dieses Buch würde kein Ende finden, wenn ich wirklich hier zu einer Schlussfolgerung kommen müsste, denn wenn die Wellen der guten Taten erst einmal anfangen, sich auszubreiten, dann sind sie so machtvoll, dass es weder einen Anfang noch ein Ende gibt. Dann kann sie niemand mehr aufhalten!

Ich glaube fest, dass meine Theorie – »Gute Taten verändern die Welt« – alle Zweifel letztendlich überwinden wird. Schließlich werden wir alle Menschen dafür gewinnen. Bitte betrachten Sie dieses Buch als Ihr Ticket für die Reise mit uns, indem Sie gemeinsam mit uns Tag für Tag etwas Gutes tun. Sie brauchen weder einen Mitgliedsbeitrag zu zahlen, noch sonstwelche Gebühren. Fangen Sie einfach an, tun Sie etwas Gutes, und dann sind Sie sofort ein angesehenes Mitglied.

Vielleicht brauchen Sie noch ein paar weitere Argumente um Sie zu überzeugen, oder Sie kennen Menschen, die noch nicht bereit sind, sich zu uns zu gesellen. Nehmen wir uns einen Moment Zeit, um über die vier Vorteile nachzudenken, die Sie genießen können, wenn Sie bewusst die Entscheidung treffen, Gutes zu denken, Gutes auszusprechen und Gutes zu tun.

Erstens, Gutes tun stärkt das Selbstbewusstsein. Zweitens, Gutes tun macht Sie zu einer Leitfigur und einer Inspiration für andere. Drittens, Gutes tun bringt Ihre besten Eigenschaften zum Vorschein, und viertens, Gutes tun bringt mehr Glück und Freude in Ihr Leben.

Das Selbstbewusstsein stärken

Wenden wir uns dem ersten Punkt zu, wie Gutes tun das Selbstbewusstsein und das Selbstwertgefühl stärkt. Denken Sie zunächst an eine Phase, in der Sie sich nicht wohl in Ihrem Körper fühlten. Sie haben damals vielleicht nur alte Kleider getragen, weil sie dachten: »Es ist egal, was ich anhabe, nichts sieht gut aus.« Sie fühlten sich einfach schrecklich.

Aber wenn Sie etwas Gutes für sich selbst tun, wenn Sie sich etwa jeden Morgen Zeit nehmen, sich nett anzuziehen, fühlen Sie sich gleich besser. Wenn man Make-up auflegt oder sich als Mann rasiert und Aftershave benutzt, macht das sofort einen Riesenunterschied aus. Ich bin überzeugt, dass sich jeder besser fühlt, wenn er sich selbst etwas Aufmerksamkeit schenkt.

Dann kann man nämlich in den Spiegel schauen und sagen: »Mensch, was sehe ich heute gut aus!« Ich weiß das aus Erfahrung, und zu verschiedenen Zeiten in meinem Leben machte es tatsächlich einen wesentlichen Unterschied aus, wie ich mich fühlte, wenn ich mich ganz bewusst entschied, mir mehr Aufmerksamkeit zu schenken. Für mich bedeutet das, jeden Morgen zu joggen oder einen Spaziergang zu machen. Außerdem nehme ich mir Zeit zum Meditieren. So fühle ich mich gleich viel zuversichtlicher, dass der vor mir liegende Tag gut sein wird.

Emotional gesehen heisst es, wenn man traurig und verstimmt ist, beklagt man sich vermutlich auch über alles Mögliche, was im Leben vielleicht gerade nicht so gut läuft. Man konzentriert sich ausschließlich auf Sorgen wie: »Er hat mich wirklich verletzt«, oder: »Sie macht mich immer so wütend«. In dem Fall fühlt man sich nicht mit sich selbst im Reinen, weil man dazu einfach nicht die richtige Gemütslage findet. Doch wenn man diese Gedanken vertreibt und versucht, nicht mehr über solche negativen Dinge nachzudenken, sondern sich positiv dem Tag zuwendet und was er bringen mag, stellen Sie vermutlich fest, dass das Leben viel glatter verläuft. Das ist die natürliche Folge von eher positiven Gedanken und Gefühlen. Wenn man darüber hinaus auf seine Handlungen, wie etwa gute Taten, stolz sein kann, hat man gleich mehr Selbstbewusstsein und schätzt sich selbst mehr.

In der folgenden Geschichte geht es um eine Frau, die in ein Frauenhaus zog, nachdem ihr Partner sie misshandelt hatte. Sie hatte große Angst, diese Zuflucht zu verlassen, damit man sie nicht ausfindig machte. Sie hatte kein Geld, weder für Make-Up noch für den Frisör. Glücklicherweise hörte ein Nachbar, dem ein Frisiersalon gehörte, durch einen Mitarbeiter des Frauenhauses von diesen Opfern und bot Hilfe an. Er verlängerte die Öffnungszeit seines Salons bis in die Abendstunden, damit die Frauen leichter und sicherer dorthin gelangen konnten. Darüber hinaus bot er seine Dienste umsonst an. Er schenkte ihnen einen neuen Look und verwöhnte sie ein bisschen in seinem Salon. Außerdem bat er einen Freund, einen Make-up Experten, um Hilfe. Das hatte erstaunliche Wirkung. Eine Frau erklärte dankbar, weil diese Aufmerksamkeit, die allein ihr galt, ihr half, mehr Selbstbewusstsein und Selbstvertrauen zu entwickeln: »Jahrelang war die einzige Farbe in meinem Gesicht das Blau von den Prellungen. Heute, dank dieser wunderbaren Menschen, kann ich selbst Make-up auflegen. Ich kümmere mich mehr um mich selbst und fühle mich in meiner Weiblichkeit bestätigt.«

Die innere Leitfigur entwickeln

Kommen wir zum zweiten Punkt: Ich glaube, dass gute Taten einen zur Leitfigur machen, zu einer Inspiration für andere. Ich selbst habe mich stets von Menschen inspiriert gefühlt, die einen Unterschied in der Welt bewirkten, wie etwa Martin Luther King jr., Gandhi oder Mutter Teresa. Zu ihnen habe ich immer aufgeschaut. Doch ich habe nicht nur bekannte Persönlichkeiten bewundert, sondern alle Menschen, die auf dieser Welt etwas Besonderes leisten. Ob sie das aufgrund ihrer beruflichen Ausbildung tun oder mit ihren persönlichen Begabungen, für mich bilden sie eine Inspiration:

Bei einer internationalen Show hörte ich einmal die Geschichte von einem Arzt, der in ein kleines Dorf in Südamerika reiste und dort Menschen half, die entweder durch einen Unfall Gliedmaßen verloren hatten oder von Geburt an so behindert waren. Er passte ihnen Prothesen an und bewirkte dadurch einen ungeheuren Unterschied für deren Leben. Dieser Arzt schenkte den Patienten eine bessere Lebensqualität, wofür sie ihm überaus dankbar waren. Er setzte seine Fähigkeiten einfach zum allgemeinen Guten ein, und es kümmerte ihn kaum, dass nur wenige seiner Patienten ihn bezahlen konnten. Das fand ich sehr erhebend.

In einer anderen faszinierenden Geschichte wollte ein Mann obdachlosen Drogenabhängigen helfen. Er wusste, in welchem Stadtteil sie zu finden waren und verlegte seine tägliche Joggingstrecke absichtlich in diese Gegend. Tag für Tag joggte er an diesen Menschen vorbei, und ganz allmählich begannen sie, mit ihm zu rennen. Schließlich gaben mehrere von ihnen die Drogen auf, weil sie sich einfach besser in sich selbst und in ihrer Umwelt fühlten.

Mich rührte diese Geschichte, denn dieser Mann ergriff die Initiative für etwas Gutes, indem er diese Menschen sehr subtil, aber grundlegend inspirierte. Er demonstrierte einen einfachen Weg, wie sie selbst beginnen konnten, ihr Leben zu verbessern. Die Qualität dieser Aktivität setzte sich über einen gewissen Zeitraum hin wellenartig fort und bewirkte schließlich für manche einen Riesenunterschied. Auch Sie sind zu so etwas in der Lage! Sie können ebenfalls zur Leitfigur werden, einfach nur durch gute Taten. Andere Menschen werden dies erkennen und von Ihnen inspiriert werden.

Selbst wenn man nur still in einem Park auf dem Rasen sitzt oder am Strand meditiert, kann das zur Inspiration für andere werden. Wenn nur eine Person den Anfang macht, sieht man häufig, wie andere sehr rasch diesem Beispiel folgen. Erst macht nur einer mit, dann eine weitere Person, und so weiter, bis man plötzlich eine ganze Gruppe um sich hat, die über das Gute in der Welt meditiert und so positive Energie erzeugt. Und ganz plötzlich hat man eine »Leitfigur«, jemanden, der anfangs nur ganz still da gesessen hat!

Ich fühle mich sehr privilegiert, zwei inspirierende Leitfiguren in meiner eigenen Nachbarschaft zu kennen, denen ich am »Tag der Guten Tat« begegnete, als sie mich interviewten. Dieses Interview wurde von einer von Israels wichtigsten Nachrichtensendungen gesendet. Die beiden jungen Menschen, die mich so rührten, waren Mitglieder von *Shalva,* der Organisation für körperlich und geistig behinderte Kinder in Israel. Efrat hat Down-Syndrom und Matanel ist mehrfach behindert, aber beide wollten herausfinden, wie sie sich am »Tag der Guten Tat« beteiligen konnten.

Das Interview verlief sehr gut, und sicherlich waren viele Zuschauer ebenso gerührt durch die Begeisterung der beiden. Als ich hörte, dass Efrat und Matanel eine ausgezeichnete Möglichkeit gefunden hatten, sich am »Tag der Guten Tat« zu beteiligen, war ich begeistert. Sie hatten sich bereit erklärt, ein Altenheim zu besuchen und luden außerdem eine Gruppe von Ausländerkindern auf einen Nachmittag ein. Obzwar diese beiden jungen Leute ihre eigenen Schwierigkeiten hatten, konnten sie sich auch gut um andere kümmern. Sie konzentrierten sich darauf, anderen zu helfen und wurden so zu Leitfiguren, die mich und viele andere inspirierten. Efrat und Matanel drehten anschließend einen Film, *Special Interview,* in dem sie ihren erstaunlichen Weg zur Verwirklichung ihres Traums dokumentierten, Präsident Obama zu interviewen.

Das Beste in sich selbst aufspüren

Nun kommen wir zum dritten Punkt, wie Gutes tun das Beste in einem selbst zum Vorschein bringt. Gute Taten sind mit allen möglichen guten Eigenschaften verbunden, wie etwa Freundlichkeit, Respekt, Liebe, Mitgefühl, Akzeptanz, Geduld und Toleranz. Wenn man Gutes für sich selbst tut, wird man freundlicher und fürsorglicher sich selbst gegenüber und hat als Folge dann anderen viel mehr zu geben.

Hier ein Beispiel aus meinem eigenen Leben. Ich hatte eine sehr enge Beziehung, in der ich mein Herz verlor. Anfangs litt ich zwar unter vielen Qualen, aber die Beziehung brachte mir sehr wertvolle Erkenntnisse, darunter Geduld und Akzeptanz. Indem ich mich darauf konzentrierte, für mich selbst und die andere Person Gutes zu tun, lernte ich schließlich, wie man Menschen so akzeptiert, wie sie sind.

Ich weiß heute, was ich will und wie wichtig es ist, ehrlich mir selbst gegenüber zu sein. Ich erkannte auch, wie stark ich innerlich bin und wie ich mir selbst vertrauen kann. Es war für mich eine der wichtigsten Erkenntnisse, zu lernen, loszulassen, einfach dem Prozess zu vertrauen und dabei Vertrauen in Gott und Vertrauen ins Universum zu behalten. Ich glaube, diese Erfahrung brachte wirklich Eigenschaften in mir zum Vorschein, die tief in meinem Innern verborgen waren, und dafür bin ich sehr dankbar. Das geschah aber nur, weil ich mich darauf konzentrierte, Gutes zu tun.

Man weiß nie, welche Eigenschaften man durch gute Taten in einem selbst aufdecken wird. Ein Mann, der eine Taxifirma leitete, hatte schreckliche Angst vor Krankenhäusern. Doch als einer seiner Fahrer wegen einer Herzoperation ins Krankenhaus musste, besuchte er ihn fast täglich. Dieses Erlebnis machte ihm klar, wie schwierig es für die Familien der Patienten ist, die lange Wartezeit im Krankenhaus verbringen zu müssen. Er stellte fest, wie schwierig es schon für die Angehörigen dieses Mannes war, vernünftig zu essen, was darüberhinaus teuer war, weil sie weit weg von Zuhause waren. Wenn sie irgend etwas brauchten, stellte das eine fast unüberwindliche Herausforderung dar. Darüber hinaus war es für sie auch sehr schwer, die Ärztesprache mit ihren komplizierten Begriffen zu verstehen.

Der Mann erklärte. »Ich überlegte wie ich dieser Familie helfen konnte. Und dann rief ich sämtliche Fahrer zusammen, mir dabei zu helfen. Ein Kollege brachte Tee und Kaffee ins Krankenhaus, ein anderer schickte seine Tochter, eine Ärztin, die dem Patienten erklärte, was er nicht wusste. Ein anderer brachte Essen, und so halfen wir ihnen gemeinsam durch diese schwierige Phase.«

Als der Fahrer entlassen wurde, beschlossen die Taxifahrer, die guten Werke fortzusetzen. Heute arbeiten sie alle als Freiwillige im Krankenhaus und versuchen, den

Familien der Patienten zu helfen. Sie sorgen dafür, dass sie zu essen bekommen und dass sich jemand um ihren Alltagskram kümmert, wie Rechnungen bezahlen und die Kinder von der Schule abholen. Da sie ja Taxifahrer sind, die sich gut auskennen und ohnehin unterunterbrochen unterwegs sind, können sie leicht auf diese Weise behilflich sein. Das Erlebnis brachte die besten Eigenschaften aller Taxifahrer zum Vorschein, denn sie halfen auf eine Weise, die sie vorher nie für möglich gehalten hatten.

Glück und Freude vermehren

Im letzten Teil dieses Kapitels geht es darum, wie gute Werke einem mehr Freude und Glück bringen. Fangen wir mit dem Gedanken an, dass Gutsein eine Lichtenergie ist, und Licht bringt Freude, Glück und Frieden für jeden, auf den es fällt. Ich glaube, es liegt in unserem Wesen, dass wir glücklicher sind, wenn wir Gutes denken, Gutes aussprechen und Gutes tun.

Um das zu bestätigen, braucht man bloß zu überlegen, wie man sich fühlt, wenn man *nichts* Gutes denkt oder tut. Wenn man etwas tut, von dem man weiß, dass es nicht gut ist oder einem gegen die Natur geht oder dass es einen anderen verletzen kann, fühlt man sich vermutlich eher beschämt, schuldbewusst oder verlegen anstatt gut.

Mir selbst bringen viele Dinge Freude und Glück. In erster Linie sind das natürlich meine Kinder – mit ihnen zusammen sein, zusehen, wie sie heranwachsen und an ihrem Leben Anteil nehmen. Aber es gibt noch viel mehr Dinge, die mich glücklich machen, wie die Natur, Blumen, Wälder, das Meer, Musik, Tanzen, ein gutes Musical oder ein anspruchsvoller Film, ein unverhofftes Lächeln oder ein frohes Lachen.

Meine Leidenschaft in dieser Welt ist, andere Menschen zu inspirieren, ob im Dialog oder innerhalb einer Gruppe. Wenn ich die Lachfältchen in den Augen meiner Zuhörer sehe, weiß ich, dass es sie »gepackt« hat. Das macht mich immer ganz aufgeregt und glücklich. Wenn ich sehe, wie in einem Menschen irgendwie ein Licht angeht und ich weiß, dass ich sie inspiriert habe, für sich selbst und andere positive Veränderungen vorzunehmen, macht mich das glücklicher als fast alles andere.

Für mich ist dieses Buch ein weiterer Weg, meine Botschaft zu verkünden, damit die Menschen sich miteinander verbinden und ihre Gutheit sich wellenartig in ihre Umgebung fortsetzt. Lesen Sie weiter, wie unsere gemeinsamen Bemühungen in dieser Richtung allmählich Schwung gewinnen – die kritische Masse an positiver Energie wird bald erreicht!

KAPITEL ZEHN

Der internationale »Tag der Guten Tat«!

Die Idee, einen «Tag der Guten Tat« einzurichten, kam mir eines morgens, bei meinem üblichen Spaziergang durch die Sanddünen an einem Strand in Israel. Ich dachte: *Warum bestimmt man nicht Jahr für Jahr einen Tag, an dem jeder aufgefordert ist, ein gutes Werk zu tun. Man braucht nur den Wunsch, etwas Gutes zu tun, um daran teilzunehmen.*

Das Konzept hierzu beruhte auf meiner festen Überzeugung, dass ein jeder von uns etwas von sich zugunsten anderer geben kann – je nach eigenen Fähigkeiten und Talenten. Jeder kann etwas Gutes tun und zu seiner Gemeinschaft und Umwelt etwas beisteuern.

Ich finde, eine gute Tat ist schon etwas so Schlichtes wie jemanden anlächeln – denn ein Lächeln bedeutet ja, dass man seine positive Energie nach außen richtet. Andere entscheiden sich vielleicht, an diesem Tag an einer größeren, gemeinsamen Aktion teilzunehmen – etwa, indem sich viele Freiwillige zusammenschließen und zu einem Entwicklungsprojekt in ihrer Kommune beitragen.

Wenn eine kritische Masse an Menschen sich zusammenfindet, kann auch shon an einem einzigen Tag sehr viel erreicht werden, etwa, indem man einen Park oder einen Strand von Unrat befreit, eine Dorfhalle neu anstreicht oder alten Menschen den Tag verschönert, indem man sie besucht, sich mit ihnen unterhält, musiziert oder mit ihnen Spiele macht.

Als ich meinem Team zuerst diese Idee vorstellte, einigten wir uns sinnvollerweise darauf, dies von *Arisons* gemeinnütziger Organisation *Ruach Tova* organisieren und leiten zu lassen. Der erste Event wurde im Frühling als eine Art Festival der guten Taten abgehalten. Gemeinnützige Gruppen hatten die Chance, sich und ihre Ziele und guten Werke öffentlich darzustellen. Es war auch ein besonderer Tag für ehrenamtliche Mitarbeiter, zu glänzen und zu feiern, wieviel Zeit sie für Projekte aufwenden, die ihnen am Herzen liegen.

Zusammen mit meinem Team begannen wir den »Tag der Guten Tat« bekannt zu machen. Wir wollten, dass jeder daran teilnahm, entweder allein mit einer ganz persönlichen guten Tat oder gemeinsam mit den Nachbarn, Kollegen oder anderen Gruppen in einem Gemeinschaftsprojekt. Wir sprachen auch Studenten aller Altersgruppen an, ältere Menschen, Soldaten ... jeden praktisch. *Ruach Tova* erhielt zahlreiche Anfragen und vermittelte viele Individuen zu bestimmten Projekten für den «Tag der Guten Tat«, die für ihre jeweilige Kommune geplant waren.

Der Anfang war ganz einfach

An unserem ersten »Tag der Guten Tat« 2007 in Israel nahmen etwa 7000 Menschen teil. Das Team von *Ruach Tova* und *Arison* leistete organisatorisch fast Unglaubliches. Sie arrangierten für mich, den Tag über die verschiedensten Projekte zu besuchen. Jedes Mal, wenn wir bei einem solchen Projekt ankamen, um die Teilnehmer anzufeuern, erlebte ich hingerissen, wie viel Liebe und Gutheit in der Luft lag, und alle, die dazu beitrugen, wie auch jene, denen geholfen wurde, lächelten. Die Freiwilligen trugen T-Shirts, die man eigens für diesen Tag bedruckt hatte. Ihre Begeisterung war mitreißend.

Im Jahr darauf schlossen wir uns mit einer führenden israelischen Tageszeitung zusammen, die unsere Botschaft durch die Zeitung und ihre Website verbreitete. Dies hatte die Wirkung, dass wir doppelt so viele Teilnehmer zusammen bekamen wie im Vorjahr. Es war unglaublich. Im dritten Jahr waren es mehr als 40000 Menschen aus ganz Israel, darunter viele Menschen aus den arabischen Kommunen, die sich zu diesem guten Zweck zusammenfanden und sich entweder an Kommunalprojekten beteiligten oder einfach etwas Gutes für einen anderen Menschen taten.

In diesem dritten Jahr arbeiteten wir wieder mit der Zeitung und unseren üblichen Kanälen zusammen, aber wir bedienten uns auch der sozialen Medien und verbreiteten die Nachricht über Facebook. Jahr für Jahr meldeten sich mehr Organisationen und Kommunen bei uns, die mitmachen wollten. Unser Team war rund um die Uhr beschäftigt, alle Projekte und Freiwillige zu registrieren und Individuen und Projekte aufeinander abzustimmen, damit jeder an diesem Tag seine Aufgabe erfüllen konnte.

In den folgenden Jahren wuchs die Teilnehmerzahl ständig. Dann hörten wir immer öfter von Menschen außerhalb Israels, denen die Idee eines »Tages der Guten Tat« gefiel und die mitmachen wollten. 2010 beteiligten sich etwa 70.000 Menschen, und im Jahr darauf verdoppelte sich die Zahl wieder.

Die Internet-Kampagne

Während der Planung für das Jahr 2012 stellten wir begeistert fest, dass wir einen zusätzlichen Sponsor gewonnen hatten, der perfekt in unser Konzept passte: *MTV Europe* arbeitete nun als strategischer Partner mit uns, um die

Botschaft weltweit zu verbreiten. MTV half uns bei der Entwicklung und dem Einsatz einer Medienkampagne, die auf eine internationale Teilnehmerschaft abzielte, besonders unter jüngeren Menschen. MTV *International* produzierte einen einprägsamen TV- und Internet-Werbespot, der sechs Wochen vor dem »Tag der Guten Tat« 2012 ausgestrahlt wurde. Dazu richteten sie eine gemeinsame Website ein und setzten auch einen Preis als Anreiz aus. Darüber hinaus koordinierten sie alle redaktionellen Kanäle, die halfen, unsere Vision zu verbreiten. Die Kampagne war ein großer Hit und erreicht über die Fernsehkanäle 24 Millionen Zuschauer. Die Leute meldeten ihre guten Taten auf der entsprechenden Website und luden zahlreiche Clips und Geschichten darüber hoch.

Diese Kampagne wurde nicht bloß in 24 europäischen Ländern wahrgenommen, wir erlebten auch eine ungeheure Reaktion in den sozialen Medien, die zu Anfragen von Menschen aus fast 50 verschiedenen Ländern führte. Wir hatten es geschafft, den »Tag der Guten Tat« zu einer internationalen Einrichtung zu machen. 2012 nahmen über 250000 Menschen in Israel und Tausende weitere rund um die Welt mit individuellen und kollektiven guten Taten teil. In dem Jahr beteiligten sich auch 163 Kommunen in Israel, darunter 62 von 68 arabischen Gemeinden. Es war umwerfend!

An dem einen Tag wurden über 3700 Projekte realisiert, darunter Hausrenovierungsprojekte für ältere Bürger und

Renovierungen von Schulen und Tagesheimen. Andere Teams bepflanzten einen Garten in der Kommune, wiederum andere musizierten für die Nachbarschaft, Hunderte organisierten die Verpflegung und vieles weitere mehr.

Es war einfach erstaunlich, wie viele unterschiedliche Projekte den Menschen eingefallen waren. Frisöre in ihren Salons schnitten den Leuten die Haare, die sich dies sonst nicht erlauben konnten. Andere spendeten ihre Zeit und verwöhnten Menschen in ihren Schönheitssalons, um sie aufzuheitern. Leute mit langen Haaren wurden zu einem neuen Stil ermuntert, und wenn das Haar abgeschnitten werden musste, wurde es an eine Organisation gespendet, die Perücken für Menschen fabriziert, die durch Krebs ihr Haar verlieren.

Wir hörten von einer Frau in Großbritannien, die das ganze Jahr über gute Werke tat: Sie ließ stets ihre Münze im Einkaufswagen für den nächsten Benutzer – ein kleiner Akt persönlicher Großzügigkeit, der vermutlich beim nächsten Shopper ein Lächeln bewirkte. In einer anderen Kommune hatte jemand den Einfall, die vereinzelten Straßenmusikanten zu organisieren, um in einem Orchester auf dem Hauptplatz der Stadt für alle Bürger zu spielen.

Die normalen Wohltätigkeitsorganisationen stellten bald fest, dass der »Tag der Guten Tat« eine günstige Atmosphäre schaffte, in der sie um erhöhte Spendenbeiträge für ihre guten Zwecke bitten konnten. Es war auch leichter, ehrenamtliche Mitarbeiter zu gewinnen, die den Rest des Jahres die Organisation unterstützen und ihre Hilfe auch über den einen Tag hinaus zur Verfügung stellen würden.

Der »Tag der guten Tat« nimmt Jahr für Jahr an Bedeutung zu, und wir sehen mit Erstaunen, wie sich die Idee dazu in der ganzen Welt ausbreitet. Immer wenn jemand etwas Gutes für andere oder für den Planeten tut, breitet sich die Welle der Gutheit aus, und immer mehr Menschen und Gemeinschaften wollen daran teilnehmen.

Auf diese Weise dient der »Tag der guten Tat« als ein Beispiel dafür, wie unsere Welt das ganze Jahr lang aussehen würde, nicht nur an einem einzigen Tag. Wenn wir die Grundsätze des »Tages der Guten Tat« übernehmen und das ganze Jahr über danach handeln, werden wir sicherlich die kritische Masse an Menschen erreichen, die fundamentale und dauerhafte Veränderungen in unserer Welt bewirken können! Ich schätze mich glücklich, Ihnen nur ein paar von den Tausenden von Aktivitäten mitteilen zu können, von denen wir aus aller Welt gehört haben. Sie sollen Sie inspirieren, selbst auch einen Unterschied zu bewirken.

Der »Tag der Guten Tat« überall in der Welt

Da wäre der Mann in Indien, der bestürzt sah, wie ein großer, schöner Baum neben einer Bahnhofsplattform in seiner Heimatstadt niederstürzte. Er erkannte, dass der Baum von den Gärtnern zu stark gestutzt worden war, und das war der Grund, warum er umfiel. Doch die Eisenbahngesellschaft gab dies nicht zu und weigerte sich, den Baum zu ersetzen. Als sie ablehnten, trat der Mann vor: »Ich habe die Initiative ergriffen und ein neues Bäumchen gepflanzt. Das war mein Geschenk an Mutter Erde und an alle Menschen und Vögel, die in und unter dem alten Baum Schutz und Schatten fanden.«

Wir hörten auch von einer kreativen Gruppe in Südamerika, die beschloss, den »Tag der Guten Tat« in Buenos Aires mit einem großen Schild zu begehen, auf dem stand: »Es gibt nichts Besseres auf der Welt, als anderen zu helfen!« Das stellten sie an einer sehr belebten Straßenkreuzung auf. Außerdem verteilten sie bei der Ampel Süßigkeiten und Zettel mit Vorschlägen für gute Taten an die Autofahrer. Auf diese Weise sahen sie sofortige Wirkung. Zuerst waren die gestressten Autofahrer bloß verdutzt, aber als sie die Süßigkeiten und die Zettel bekommen hatten, beteiligten sich einige sogar an der Aktion. Viele lächelten und wünschten den freiwilligen Helfern einen schönen Tag. Von diesem kleinen positiven Akt ausgehend entwickelte sich an dieser sonst so hektischen Straßenkreuzung ein Gefühl von Zusammenhalt

In der Ukraine weitete man den »Tag der Guten Tat« sogar zu einer einwöchigen Aktion in acht Städten aus, an der sich 10000 Freiwillige beteiligten. Eine der bemerkenswerten Aktivitäten war eine von ehrenamtlichen Helfern organisierte Auktion von Bildern, die Waisenkinder und Kinder in Krankenhäusern gemalt hatten. Die Helfer sammelten außerdem die heimlichen Wünsche der Kinder und errichteten einen »Wunschbaum«, an dem jedes Blatt den Traum eines Kindes darstellte. Die Teilnehmer an der Aktion wurden aufgefordert, den Traum eines Kindes auf der Stelle zu verwirklichen – falls das möglich war. Ein Kind wünschte sich einen Freund, und ein anderes Kind meldete sich sofort dazu und bot dem anderen Kind sein Stofftier als Geschenk an.

Aktionen, die Leben verändern

In vielen Städten der Vereinigten Staaten fand am »Tag der Guten Tat« eine erstaunliche Vielfalt an Gruppenaktivitäten und persönlichen guten Taten statt. Eine Gruppe von Angestellten in New York schloss sich beispielsweise zwei Abteilungen des Sozialamts an, um an einem regnerischen Sonntagmorgen festliche Lebensmittelpakete zu Mitbürgern zu bringen, die das Haus nicht verlassen konnten. Eine Frau erlebte dabei etwas sehr Rührendes. Als sie bei der angegebenen Adresse klingelte, wurde sie von einer netten Frau begrüßt, die sich extra zu diesem Anlass ihr Lieblingskleid angezogen und Make-up aufgelegt hatte. Die beiden Frauen verbrachten den Rest des Vormittags damit, sich gegenseitig von ihren Familien zu erzählen, die weit entfernt lebten, und verabredeten, sich von nun ab jeden Sonntag zum Brunch zu treffen.

Ich muss immer lächeln, wenn ich an die junge Frau aus New Jersey denke, die Kindern in einer unterprivilegierten Gegend nachmittags nach der Schule Swing-Tanzen beibrachte. Für den »Tag der Guten Tat« plante sie mit den Kindern, den Tanz in einem Altersheim in der Nachbarschaft aufzuführen, um den Insassen den Tag zu verschönern und die Stimmung aufzuhellen. Sie dachte, da Swing-Musik und -tanzen in der ersten Hälfte des 20. Jahrhundert sehr populär gewesen war, müssten die Pensionäre das einfach genießen. Die Kinder setzten sich eifrig bei den Proben ein und ließen sich für die Vorstellung extra T-Shirts machen. Die Insassen des Altersheims waren begeistert, so junge, fröhliche Besucher zu sehen. Sie genossen die Musik und den Tanz aus der Zeit, als sie selbst noch jung waren.

Ein Tageszentrum für alleinerziehende Mütter in Los Angeles brauchte dringend eine gründliche Überholung, um die Räumlichkeiten einladender und freundlicher für die Kinder zu machen. Eine örtliche Firma erklärte sich bereit, den Anstrich zu übernehmen. Sie trommelten sämtliche Angestellte am »Tag der Guten Tat« zusammen, um die grauen Wände aufzufrischen. Die Heimleiter hatten einen warmen, sanften Gelbton ausgesucht. Die Freiwilligen strichen das Spielzimmer an und gaben sich große Mühe mit den Tierschablonen. Als die Kinder und

Mütter am nächsten Morgen ankamen, lächelten alle überrascht und begeistert.

In New Hampshire wollte ein junger Mann mit einer Leidenschaft für die Schriftstellerei seine Kurzgeschichten bekannter machen. Er brauchte ein Publikum und fand einen blinden Mann, der Gesellschaft suchte. Am »Tag der Guten Tat« besuchte der Autor den Mann bei sich zu Hause und las ihm den ganzen Nachmittag lang vor. Die Begegnung diente ihnen beiden, denn sie gewannen beide einen neuen Freund. Der Blinde war begeistert von den Kurzgeschichten und bot an, zuzuhören, wenn der andere etwas Neues geschrieben hatte und sich einen kritischen Zuhörer wünschte.

Bei Raleigh in North Carolina nahmen mehr als 100 Menschen an den Aktivitäten zum »Tag der Guten Tat« teil. Sie veranstalteten eine Lebensmittelsammlung und eine Essensausteilung in einem Obdachlosenheim. Sie spendeten an bedürftige Familien und brachten bettlägrigen älteren Menschen Festtags-Esspakete. Diese »Fresskörbe« wurden besonders begeistert aufgenommen. Ein Mann bemerkte: »Es war so schön, ein Esspaket für die Feiertage zu bekommen, mit all den besonderen Dingen, die ich sonst nie hätte besorgen können. Aber das beste war die Karte mit den guten Wünschen für die Feiertage, dazu ein Name und eine Telefonnummer, falls ich irgendwelche Hilfe brauchte. Da wusste ich sicher, dass andere Menschen in der Gegend sich um einen kümmern.«

Stimmen, die Gutes verkünden

Sie sehen, es gibt unzählige Ideen für gute Werke, und man kann auf viele Arten Gutes tun. Für jede Gruppenaktivität, die ich hier aufgeführt habe, gab es sicher Tausende von individuellen guten Taten.

Es ist sehr schwer, die besten auszuwählen und hier vorzustellen, denn ich habe das Privileg, im Laufe der Jahre Hunderte und Tausende von wunderbaren Geschichten über gute Taten erfahren zu haben. Aber eine will ich Ihnen noch zm Schluss mitteilen: Ich war auf meiner üblichen Tour zum »Tag der Guten Tat« hier in Israel. Da hörte ich in einem Baum über mir Stimmen. Als ich hochblickte, sah ich ein paar Jungen mit Säcken über der Schulter. Sie halfen dem Plantagenbesitzer bei der Orangenernte. Aufgeregt und begeistert sagten sie etwas in Englisch, denn sie waren aus Amerika zu Besuch hier. Als ich das hörte, wurde auch ich ganz aufgeregt, denn es klang ja wie zu Hause! Ich bin tagsüber ständig von meinem Team umgeben, von den israelischen Medien und den hebräisch sprechenden Freiwilligen. Daher traf mich die Freude unerwartet, so fröhliche Stimmen in Englisch zu hören, während sie dabei waren, ihre eigene gute Tat zu tun.

Da wusste ich mit absoluter Sicherheit, dass ich mir über meine Wurzeln keine Gedanken mehr zu machen brauchte, noch über meine Staatsbürgerschaft oder zu welchem Land oder welcher Welt ich gehörte. Mir war an jenem wunderbaren Tag klar, dass ich Amerikanerin bin, Israelin, Weltbürgerin – wie wir alle. **Wir sind alle miteinander verbunden!**

Daher fordere ich Sie auf, jedes Jahr im Frühling, am Internationalen »Tag der Guten Tat«, etwas Gutes zu tun, das dem Leben eines anderen Menschen nutzt. Machen Sie jemanden glücklich. Verbesseren Sie die Situation der Menschheit oder der Umwelt ein wenig. Sie wissen genau wie ich, dass eine solche gute Tat auch Ihr eigenes Leben verbessert und Sie glücklicher in dem Wissen macht, dass Sie ja dazu beigetragen haben, diese Welt zu einem bessere Ort zu machen.

Besser wäre noch, wenn Sie jeden Tag ein gutes Werk verrichteten! Wenn Sie Gutes denken, Gutes aussprechen und Gutes tun, werden Sie erkennen, dass wir mit dem Ausdruck unseres guten Willens, mit dem Vertrauen in unsere Fähigkeiten dauerhafte und echte Veränderungen für uns und künftige Generationen bewirken können.

NACHWORT

Die Chance erkennen, Gutes zu tun

Es gibt so viel Leid in der Welt – Armut, Krankheiten, Tod und Zerstörung. Die meisten schieben die Schuld an diesen Schrecken jemand anderem zu oder etwas, das außerhalb unserer Kontrolle liegt ist. Ich weiß, dass das auf mich zutrifft. Finanzielle Schwierigkeiten, Trennungen, Krankheiten … es scheint, dass wir alle in unseren Leben unter solchen Dingen zu leiden haben. Natürlich hat jeder irgendwann Schwierigkeiten, und manche sind auch nicht von uns steuerbar – aber muss es denn immer so ungeheuer schwierig sein, wenn wir uns entwickeln wollen?

Wo findet Leiden denn wirklich statt? Ich glaube, es spielt sich in unserem Kopf ab, in unseren Herzen und in unserem Körper. Doch dann kommt ein Tag – und der Zeitpunkt ist für jeden unterschiedlich – wenn wir uns sagen: »Schluss mit all dem Leid!«

Es war eine Erleuchtung für mich, als ich erkannte, dass mein Leiden tatsächlich von innen heraus stattfand. Denken Sie einmal nach: Wo »lebt« man eigentlich? Ich weiß, dass ich in dem lebe und die Welt durch das betrachte, was ich denke und was ich fühle.

An jenem Tag traf ich überlegt die Entscheidung, die bewusste Wahl, dass ich nicht mehr leiden wollte. Erst da begann ich richtig zu leben. Erst da erkannte ich, dass ich mein Leiden selbst erzeugte und alles außerhalb von mir bloß ein Ort zum Lernen war. Meine gesamte Umwelt war für mich da, um zu lernen und zu reifen. Erst nach dieser Erkenntnis konnte ich bewusst die Entscheidung treffen, glücklich, gesund und gelassen zu sein.

Ja, es war ein langer Weg, und er ist noch nicht zu Ende. Aber jeder Tag stellt ein neues Erwachen dar. Heute fordere ich Sie auf, die Entscheidung zu treffen, nicht mehr zu leiden und glücklich, gesund und gelassen zu leben. Suchen Sie Ihren eigenen Weg – Ihren ganz persönlichen, einzigartigen Weg – um dieses Ziel zu erreichen. *Sie finden ihn, indem Sie Gutes tun!*

DANKSAGUNGEN

Es würde ein weiteres Buch füllen, wenn ich die Namen sämtlicher Menschen aufführen würde, denen ich gerne danken möchte. Lassen Sie mich statt dessen hier nur sagen: Ich schätze die Mitarbeit von Euch allen! Ein aufrichtiger Dank ergeht an meine Familie und meine Freunde, ganz besonders an meine Kinder und die Menschen, mit denen ich zu Hause und bei der Arbeit tagtäglich zusammen bin. Sie haben mir unermesslich viel Unterstützung gegegen. Ich danke meinem Management-Team und dem Aufsichtsrat von all unseren Firmen und philanthropischen Organisationen sowie meinen Partnern, Beratern und Angestellten, besonders, jenen, die mir bei diesem Buch geholfen haben (Sie wissen, wen ich meine …)

Ich bedanke mich bei meinem literatrischen Agenten Bill Gladstone von *Waterside Productions,* der mich bat, ein zweites Buch zu schreiben und der mich während dieses Prozesses fortwährend unterstützte. Ein Dank ergeht an das Lektorat und die Marketingabteilung von HayHouse. Noa Mannheim bin ich zu großem Dank verpflichtet, weil er mir so viel Zeit und professionellen Rat bei der Bearbeitung meines ersten Buches »Birth: When the Spiritual and the Material Come Together« und bei der ersten Fassung des vorliegenden Buches zur Verfügung stellte. Danke, Simone Graham, meine Lektorin und Beraterin, die mir half, das vorliegende Buch zur Veröffentlichung vorzubereiten.